本书受吉林财经大学新入职博士科研专项项目资助

中国资本账户开放与跨境资本流动的经济影响

——理论分析和计量研究

李博瑞 ◎ 著

吉林大学出版社

·长春·

图书在版编目（CIP）数据

中国资本账户开放与跨境资本流动的经济影响：理论分析和计量研究 / 李博瑞著. -- 长春：吉林大学出版社，2022.8
ISBN 978-7-5768-0185-9

Ⅰ.①中… Ⅱ.①李… Ⅲ.①资本 – 金融开放 – 研究 – 中国②资本流动 – 研究 – 中国 Ⅳ.①F832.21 ②F832.6

中国版本图书馆CIP数据核字(2022)第141836号

书　　名：中国资本账户开放与跨境资本流动的经济影响：理论分析和计量研究
ZHONGGUO ZIBEN ZHANGHU KAIFANG YU KUAJING ZIBEN LIUDONG DE JINGJI YINGXIANG
——LILUN FENXI HE JILIANG YANJIU

作　　者：李博瑞　著
策划编辑：黄国彬
责任编辑：宋睿文
责任校对：单海霞
装帧设计：刘　丹
出版发行：吉林大学出版社
社　　址：长春市人民大街4059号
邮政编码：130021
发行电话：0431-89580028/29/21
网　　址：http://www.jlup.com.cn
电子邮箱：jldxcbs@sina.com
印　　刷：天津和萱印刷有限公司
开　　本：787mm×1092mm　　1/16
印　　张：10.5
字　　数：240千字
版　　次：2022年10月　第1版
印　　次：2022年10月　第1次
书　　号：ISBN 978-7-5768-0185-9
定　　价：58.00元

版权所有　翻印必究

前 言

中国资本账户开放以及跨境资本流动管理是宏观经济和金融体系中的重要环节。在金融开放战略背景下，近年来，要求进一步推进中国资本账户开放以及建立动态跨境资本流动监测体系的呼声此起彼伏，越来越多的学者集中于探究资本账户开放与跨境资本流动带来的宏观经济影响，但是相关研究既存在共识也存在分歧。共识之处在于，一方面，资本账户管制成为中国全面融入全球金融经济体系的短板，人民币的相对不可兑换带来的显性和隐性扭曲成为市场有效配置资源的障碍。另一方面，多次金融危机提醒我们，"水能载舟，亦能覆舟"，资本账户开放和跨境资本流动具有典型的两面性，它能在带来益处的同时也带来风险。而分歧之处在于，一方面，我们如何进一步推进资本账户开放，在推进过程中，是参考其他国家的资本账户自由化经验，还是从中吸取教训，开拓中国自己的资本账户开放道路，以及我们怎样平衡资本账户开放进程与利率和汇率市场化改革进程，这些问题许多学者仍在讨论中。另一方面，跨境资本流动的冲击影响如何，我们如何建立动态有效的跨境资本流动监测体系，如何将这一体系与金融体系进行有机融合，为金融稳定服务，有关这方面的研究也在深入进行。为了弥合分歧，在本书中，作者针对目前该研究领域中的热点问题进行理论和实证分析，期望能够为相关政策实施提供参考。

对于中国资本账户开放进程及跨境资本流动管理的现实状况，在最近20年间，中国已取得了一定的进步，在逐步实现资本项目可兑换的方向上不断前进，对跨境资本流向的变化愈加敏锐。特别是在党的十八届三中全会提出"要加快实现人民币资本项目可兑换"以后，我们能够察觉到，资本账户开放、跨境资本流动管理及相关金融改革将继续向改革深水区探索。但改革方向的确定并不意味着相关讨论的停滞,由于国际经济和金融环境的不确定性增强,对于是否加快资本账户开放进程,如何完善跨境资本流动管理体系等问题依然需进一步探究。

有鉴于此,基于现实宏观经济背景,本书在以往研究基础上进一步探究中国资本账户开放以及跨境资本流动的经济影响,结合实际测算数据,将理论与实证研究结合,按照"提出问题—理论逻辑推导—理论拓展—实证分析—总结"的逻辑框架展开研究。本书共有八章:第一章是导论,向读者介绍资本账户开放和跨境资本流动的相关研究缘何兴起,首先阐述了研究背景以及研究意义,其次进一步系统地定义资本账户开放与跨境资本流动的基本概念,明确两者与其他相似概念之间的区别,最后针对本书的研究内容、框架以及研究方法等做概括性地阐释。第二章,笔者系统地梳理了资本账户开放和跨境资本流动的理论基础,一方面,通过阐述金融抑制理论、金融自由化理论,加强对于资本账户开放理论基础的理解。另一方面,通过传统利率汇率决定论、国际资本流动模型以及 IS-LM-BP 模型,从理论角度分析了不同因素对跨境资本流动的影响。第三章,笔者归纳和整理了典型化国家的资本账户开放经验,特别是对于一些新兴市场国家以及发展中国家的资本账户开放效果,做了进一步横向比较。另外,对于典型化国家的跨境资本流动管理效果,作者也做了实际效果的评估。在此基础上,第三章基于常用的测算方法,对中国资本账户开放度以及跨境资本流动规模进行重新测算,测算获得的具体数据会用于后续章节的研究中。

在进行国际比较和指标测算后,本书的研究进入核心部分。第四章和第五章主要是集中针对中国资本账户开放面临的两个实际问题进行理论研究和实证检验。其中,第四章为中国资本账户开放、货币政策以及汇率选择,本章首先梳理了人民币汇率制度变化以及货币政策调控方式转变的过程,进而引出"三元悖论"与"二元悖论"的争论以及资本账户开放和利率汇率市场化改革次序的讨论,笔者通过理论模型推演,构建包含混合创新模型结构的时变参数向量自回归模型,从理论和实证两个角度,探讨中国面对的实际问题,进一步明确资本账户开放与利率汇率市场化进程的顺序选择。第五章则从宏观角度,探究中国资本账户开放的增长效应,首先梳理了相关文献的最新进展，而后分别通过直接投资开放和非直接投资开放两个角度进行理论分析。在此基础上，构建包含潜在门限结构的时变参数向量自回归模型实证检验中国资本账户开放的增长效应。

第六章和第七章主要集中于跨境资本流动的动态影响。第六章为短期跨境资本流动的多因素冲击效应，首先系统梳理短期跨境资本流动的影响因素，而后对各影响因素与短期跨境资本流动的关系进行理论推演，最后笔者构建时变参数向量自回归模型实证检验短期跨境资本流动的冲击效应。第七章为跨境资本流动、金融稳定和经济波动，本章中笔者首先对跨境资本流动影响金融稳定以及经济波动的研究脉络进行总结。在此基础上，作者梳理了金融稳定指数测算的相关文献，并提出用因子模型构建中国金融稳定指数。而后，通过指标测算，笔者进一步构建包含增广因子的时变参数向量自回归模型，分析跨境资本流动、金融稳定与经济波动之间的关系。

以上是本书的主要内容，相关研究具有一定的理论意义和实际意义，期望对于目前中国资本账户开放进程和跨境资本流动管理提供借鉴。该著作是由笔者博士论文整理而成，非常感谢各位评审专家提出的宝贵意见，但撰写过程中可能仍会存在疏忽及错漏之处，专家的建议也是笔者进一步深入探究这一领域学术问题的依据和动力。

目 录

第一章 导论：资本账户开放与跨境资本流动研究缘何兴起 …………… 1

  第一节 研究背景与意义 ……………………………………………… 2
    一、研究背景 ………………………………………………………… 2
    二、研究意义 ………………………………………………………… 3

  第二节 资本账户开放及跨境资本流动相关概念 ………………… 5
    一、资本账户开放相关概念 ………………………………………… 5
    二、跨境资本流动相关概念 ………………………………………… 6

  第三节 研究内容和总体框架 ……………………………………… 8
    一、研究内容 ………………………………………………………… 8
    二、总体框架 ………………………………………………………… 10

  第四节 研究方法与创新点 ………………………………………… 11
    一、研究方法 ………………………………………………………… 11
    二、本研究的创新点 ………………………………………………… 12

第二章 资本账户开放与跨境资本流动的理论基础 ………………… 13

  第一节 资本账户开放的理论基础 ………………………………… 13
    一、金融抑制理论 …………………………………………………… 13
    二、金融自由化理论 ………………………………………………… 15

  第二节 跨境资本流动的理论基础 ………………………………… 17
    一、传统利率和汇率决定理论 ……………………………………… 17
    二、现代国际资本流动理论与开放经济下的 IS-LM-BP 模型 …… 19

  第三节 本章小结 …………………………………………………… 24

第三章 资本账户开放与跨境资本流动管理国际比较和指标测算……… 25

第一节 新兴市场国家开放经验及中国资本账户开放进程……… 26
一、新兴市场国家开放经验……… 26
二、中国资本账户开放进程……… 30

第二节 资本账户开放度测算……… 31
一、资本账户开放度测算研究综述……… 31
二、中国实际资本账户开放度测量……… 33
三、数据选取与趋势分析……… 34

第三节 跨境资本流动管理的国际经验和效果评估……… 35
一、部分国家跨境资本流动管理实例……… 35
二、跨境资本流动管理效果评估……… 36

第四节 中国短期跨境资本流动规模测算……… 38
一、短期跨境资本流动规模测算的文献述评……… 38
二、跨境资本流动实际测算……… 40

第五节 本章小结……… 42

第四章 中国资本账户开放、货币政策和汇率选择……… 44

第一节 中国汇率制度变化和货币政策调控方式转变……… 45
一、中国汇率制度变化及人民币国际化进程……… 45
二、中国货币政策调控方式的转变……… 47

第二节 资本账户开放、货币政策与汇率选择的文献进展……… 48
一、"三元困境"与"二元困境"的争论……… 48
二、资本账户开放次序的讨论……… 49
三、基于IS-LM模型的理论推演……… 51

第三节 MI-TVPSVVAR模型、数据选取和参数估计结果……… 52
一、MI-TVPSVVAR模型简述……… 52
二、MCMC算法及脉冲响应函数……… 56
三、数据选取与参数估计结果……… 58

第四节 基于MI-TVP-SV-VAR模型的实证分析……… 58

一、中国资本账户开放对货币政策的影响……………………… 59
　　　二、中国资本账户开放对汇率的影响…………………………… 61
　　　三、货币政策与汇率选择的联动效应…………………………… 63
　第五节　本章小结……………………………………………………… 65

第五章　中国资本账户开放的增长效应分析……………………………… 68
　第一节　资本账户开放增长效应的研究进展……………………… 69
　　　一、资本账户开放与经济增长关系研究……………………… 69
　　　二、金融发展与经济增长关系研究…………………………… 71
　　　三、资本账户开放与金融发展关系研究……………………… 72
　第二节　资本账户开放增长效应的理论分析……………………… 74
　　　一、直接投资开放的影响……………………………………… 74
　　　二、非直接投资开放的影响…………………………………… 76
　第三节　LT-TVPVAR模型构建、数据选取与参数估计结果…… 77
　　　一、LT-TVPVAR模型基本结构……………………………… 77
　　　二、模型估计和抽样过程 73…………………………………… 80
　　　三、数据选取与参数估计结果………………………………… 81
　第四节　中国资本账户开放增长效应的实证分析………………… 83
　　　一、中国资本账户开放对经济增长的时变影响……………… 84
　　　二、金融发展对经济增长的时变影响………………………… 85
　第五节　本章小结……………………………………………………… 87

第六章　短期跨境资本流动的多因素冲击效应…………………………… 89
　第一节　短期跨境资本流动影响因素的相关研究进展…………… 90
　第二节　短期资本流动多因素冲击的理论推演…………………… 92
　第三节　TVP-SV-VAR模型、数据选取与参数估计结果………… 94
　　　一、TVP-SV-VAR模型建模机理……………………………… 94
　　　二、TVP-SV-VAR模型参数估计过程………………………… 96
　　　三、数据选取与处理…………………………………………… 99
　第四节　短期跨境资本流动的多因素冲击效应…………………… 100

  一、短期跨境资本流动的汇率冲击……………………100
  二、短期资本流动的利率冲击…………………………104
  三、短期资本流动的资产价格冲击……………………107
 第五节 本章小结…………………………………………110

第七章 跨境资本流动、金融稳定与经济波动…………………112
 第一节 跨境资本流动、金融稳定与经济波动的研究脉络……113
  一、跨境资本流动与金融稳定的研究进展……………113
  二、跨境资本流动与经济波动的研究进展……………115
 第二节 金融稳定状态指数测算的文献述评………………116
 第三节 TVP-FAVAR 模型、变量说明及数据处理………118
  一、TVP-FAVAR 模型简述……………………………118
  二、TVP-FAVAR 模型估计……………………………120
  三、变量选取、数据处理与中国金融稳定指数态势……123
 第四节 跨境资本流动、金融稳定与经济波动的动态分析……124
  一、跨境资本流动对金融稳定的影响动态……………124
  二、跨境资本流动对经济发展的影响动态……………126
  三、跨境资本流动对商品价格的影响动态……………127
 第五节 本章小结…………………………………………129

第八章 结论与政策建议……………………………………………130
中文参考文献……………………………………………………………135
英文参考文献……………………………………………………………142
后记(一)…………………………………………………………………157
后记(二)…………………………………………………………………158

第一章 导论：资本账户开放与跨境资本流动研究缘何兴起

1978年是中国经济发展过程中的一个重要年份，中国改革开放拉开大幕。40多年间，改革开放政策给中国带来了翻天覆地的变化，中国经济迅猛发展，人民生活日益富足。简单回顾40年的改革开放进程，中国在总体经济规模"增量"上取得了显著成功，特别是在前30年中，中国的经济增长创造了奇迹。以最典型的指标GDP增速为例，在30年间，GDP年均增长速度接近10%，远超其他国家。而且在数次金融危机中，中国也是主要新兴市场国家中唯一没有发生严重金融危机的国家。但是近10年来，中国经济增长则趋于放缓，进入经济结构调整期，着重于改善经济增长质量以及效率。特别是随着多项重大战略的深入，新一轮改革的效果已经逐渐显现。

而作为经济改革过程中较为重要的一个环节——金融改革，其重要性以及作用无需多言。金融改革的最终对象就是提高效率并促进经济增长，因此改革过程必须小心设计和实施以使其达到理想的效果。而金融开放作为中国金融改革中的一个重要层面，其作用和意义在金融改革的过程中已经体现出来。从目前来看，中国金融开放40年取得了较大的成绩，在促进经济发展以及提升效率上起到了相当积极的作用。因此，本书基于中国金融开放背景展开，重点聚焦于金融开放中的资本账户开放以及跨境资本流动。第一章绪论分为四个部分，第一节引出研究的背景和意义；第二节，明确资本账户开放和跨境资本流动的相关概念；第三节，简要阐述研究内容和基本框架；第四节给出研究方法以及创新点。

第一节　研究背景与意义

一、研究背景

中国资本账户开放和跨境资本流动相关问题的研究是基于中国金融开放的现实背景。金融业是现代经济发展的核心，在世界各国经济、贸易以及金融领域联系日趋紧密的今天，金融的独特地位及关键作用也日益凸显。近年来，国际经济金融形势发生新变化，金融领域发展对于一国经济发展的影响至关重要。于是，改善本国金融体系，继续推进金融体制改革，提升金融体系稳定性，充分发挥金融在经济发展中的作用，成为各个国家日常政策中最为关注的一部分。其中，作为金融改革中的重要组成部分，金融开放的相关问题引起了越来越多的关注。特别是，"十三五"规划中指出：在控制风险基础上，积极参与国际治理和国际事务，构建全方位开放的新格局。具体要求，逐步实现资本项目可兑换，使人民币逐渐成为可兑换、可使用的货币，进而推动资本账户开放。这体现了政策制定者对于金融开放以及资本项目可兑换的重视程度已达到前所未有的高度。另外，根据外交部公布的消息，在金融领域，中国将继续放宽金融业准入，按照自己的计划扩大开放。这也表明，中国正积极履行"入世"之初开放金融服务业的承诺，努力推动人民币国际化进程。这意味着中国正在加快金融开放步伐，以促进金融业整体竞争力的提升。

那么金融领域为什么要进一步开放呢？有三方面的现实背景。第一，实现经济可持续增长需要金融领域进一步开放所带来的创新动力。进入21世纪以来，中国金融业不断发展，金融开放进入实质阶段，特别是在金融市场上，沪港通、深港通以及离岸市场等对外联通渠道的打通，使得中国的金融市场能够逐渐地由封闭走向开放。但是，中国金融开放度明显不足，甚至落后于部分新兴市场国家。另外，资本项目管制措施的负面影响逐渐显现也是不争的事实，这都给经济的可持续增长带来了负担。因此，需要进一步开放金融领域和资本账户，以期带来更多的创新活力。

第二，全力防控系统性金融风险是中国目前的重点任务。特别是随着国际形势日趋复杂，全球金融一体化程度提高，整个国际金融体系蕴含的风险与日俱增。数次金融危机表明，仅依靠微观审慎监督的方法可能不足以预测和应对金融危机，只有将微观与宏观审慎管理相结合，不断增强金融监管和金融体系防范风险的能力，才能在金融危机中全身而退。因此，开放政策的具体选择需要审慎并仔细地设计，特别是在当前背景下，全球系统性金融风险上升，既要稳定国内金融系统，防止内部危机爆发，又要提高警惕性阻止国际风险传播进入中国。因此，需要进一步开放金融领域，结合宏观审慎管理，维护中国金融稳定。

第三，金融开放是中国积极参与国际经济治理的重要途径。中国仍处于改革和发展的战略机遇期，中国经济发展的现实情况和主流趋势仍是继续保持对外开放的基本政策，继续扩大经济合作范围，由此推动中国金融开放进程不断提速，以更加积极的政策参与国际经济治理。虽然目前中国很难充当国际经济规则的制定者，但是中国在国际合作中正逐渐扮演重要角色。"一带一路"倡议等国际经济合作将会进一步推动中国资本走出国门，进入国外资本市场。更好的合作需要以中国与国际经济与金融体系的进一步接轨为基本前提。特别是在资本项目上，随着"一带一路"倡议的推行，中国与其他国家的合作项目增加，跨境资本流动日趋迅速，迫切需要完善相关制度，以保证项目合作的顺利进行。

由此可见，笔者需要继续探究中国金融开放背景下资本账户开放和跨境资本流动的相关问题。对于这些问题的探究，将使得中国资本账户开放的路径和方向更加清晰，跨境资本流动管理体系更加完善。

二、研究意义

研究中国资本账户开放和跨境资本流动的问题，其意义在于理论与现实两个层面，对于现阶段中国经济发展可能现实意义更为重要。从理论研究角度，该主题能够使研究者重新认识金融自由化理论，重新理解金融开放、金融全球化和资本流动在现实经济中的意义。本书基于相关理论并在其基础上进行经验分析，意在探究中国的实际经济运行中，相关理论为中国开放实践带来的有益补充，特别是在中国金融改革过程中，理论能为现实政策制定提供哪些方面的指导。

从探究现实经济与金融体系运行角度，该选题能够深化对资本账户开放和跨境资本流动的风险认识，理解现实经济运行和金融体系稳定之间的联系以及重新审视资本账户开放、跨境资本流动与金融风险之间关系。开放与风险时刻相伴，对比1997年亚洲金融危机前后各国经济表现，在审慎监管机制没有建立起来的情况下，韩国放松资本项目管制措施，使得经济受到当时金融危机的侵袭。而在马来西亚，由于危机后实行的严格资本管制政策，经济体系受到的外部冲击减小。在同一时期，中国和印度由于资本项目开放度低，因此经济表现明显好于受到金融危机强烈冲击的国家。因此，基于国际金融形势的非稳定性，探究资本账户开放与跨境资本流动对金融体系的影响对于中国如何坚守金融风险底线尤为重要。

同样，资本流动是现实经济运行中需要密切关注的，因为资金会在经济状况良好的时候滚滚而来，也会在经济不景气的时候蜂拥而去，资金的周期偏向性和羊群效应也会扩大资本流动的影响，加大反周期政策调整的难度。随之而来的，还有汇率以及资本市场相关产品价格的波动，可以肯定的是，一旦缺乏有效的会计准则和监管体制，资金迅速剧烈的波动会带来汇率剧烈波动和资本市场震荡，资金大量内流会导致过度投资和资本市场投机性繁荣，资金大量外流会使产出锐减，经济陷入衰退，造成金融乃至经济危机。因此，基于当前经济全球化背景和对外开放金融市场的假设下，探究这一选题能够帮助建立国际金融危机的预警模型和机制，监测危机前的风险堆积以及重要的金融经济指标。

最后，金融领域的进一步开放是当前形势下中国自身发展的需要。因此，资本账户开放与跨境资本流动必然是未来中国经济重要的一部分。特别是在中国经济进入改革深水期以后，经济结构和经济基础的变化必然使得资本账户开放与跨境资本流动的影响发生改变。因此，继续深入推进资本账户开放进程，完善跨境资本流动管理体系，能够为中国金融开放战略服务，能够为中国金融转型升级，解决实际问题，提供有力的渠道。当今时代，经济全球化趋势不可逆转，只有把握机会，以开放促进进一步改革，抢占先机，才能在世界经济变化中主动积极地改变，找到适合中国国情的发展道路。

第二节 资本账户开放及跨境资本流动相关概念

一、资本账户开放相关概念

资本账户（capital account），又称为资本项目。一般在国际收支平衡表中，资本账户反映国际资本流动情况，记录资本的流入和流出，是一定时期一国与他国或地区全部经济往来收支流量的重要组成部分。与之相对应的经常账户，又称为经常项目，记录一国与他国或地区间货物贸易、服务和单方面转移等实际资源转移情况。按照 IMF 1993 年出版的《国际收支手册》，资本账户是资本与金融账户。一般而言，仍然沿用资本账户一词。而对于子项目的划分，按管制领域划分，根据 IMF 定期公布的《汇率安排和外汇管制年度报告》，具体分为 7 大类，包括：资本和货币市场工具；衍生品和其他工具；信贷业务；直接投资；直接投资清盘；不动产交易业务；个人资本交易业务。各子项目还包括个人贷款、个人礼赠、个人资产转移、外国移民在国外的债务交易和中奖收入转移等，股票债券货币市场工具以及集体投资类证券等，还有商业信贷、金融信贷以及担保等业务。

而资本账户开放（capital account openness）指的是一个连续的过程，即放开一国资本账户的过程。它有两方面：一是通过开放使得资本账户中的项目自由可兑换；二是取消与资本交易相关的外汇管制。也就是说，资本账户开放一方面是为了资金能够跨边界自由转移，减少跨境资本流动障碍和政策约束，另一方面是为了实现本币与外币的自由兑换。与之相关的概念有金融开放、资本账户自由化、金融自由化、资本管制等等，在这里需要进行明确的区分。首先，金融开放（financial openness）从广义上讲是金融市场开放和金融业务准入之和，通过规范的法律文件，放松或取消金融市场和金融业务进入、交易等活动。而从狭义上讲，金融开放包括两个部分：一是金融市场开放，即放松或管制本国居民参与国际金融市场交易行为或外国金融机构参与本国金融市场交易行为；二是资本账户开放，即资本能否跨边界自由流动。

因此，金融开放的概念包括资本账户开放，不等同于资本账户开放，也不等同于金融业开放。一些学者认为，金融开放包括更广泛的内容，比如 Bekaert 和 Harvey（1995）认为金融开放包括股票市场开放、资本账户开放、ADR 和国家基金发行、银行改革、私有化、资本流动和 FDI 等七个方面。

其次，与资本账户开放和金融开放近似的概念——资本账户自由化（capital account liberalization）和金融自由化（financial liberalization）。"自由化"的提法源于 20 世纪 70 年代美国经济学家 McKinnon 和 Shaw，针对当时发展中国家"金融抑制"现象，他们提出"自由化"的思考，这一词汇逐渐受到更多学者青睐。于是，许多学者不断补充，最后形成"金融自由化"理论。在后续章节中，将会对这一理论进行阐述。金融自由化既包括对内自由化也包括对外自由化，金融开放则更多意义上是金融自由化对外的部分。理解资本账户自由化与理解金融自由化类似，它与资本账户开放虽然没有严格的区别，但理解角度可能略有不同，有些学者认为资本账户自由化是资本账户开放的最终结果。还有一些名词，比如金融一体化，可以将它理解为金融开放和金融自由化的最终结果；资本自由流动和管制放松是资本账户开放的事实结果和法规前提，有助于拓宽投资机会，提升投资回报率。

最后，需要说明的是，资本账户开放的界定并不是一致的。IMF 要求成员国实现经常账户下货币自由兑换，允许成员国对国际资本流动采取必要的控制，但是并未对成员国全面开放资本账户采取强制性要求。而 OECD 则要求成员国不能限制国家之间资本的自由流动，《资本流动自由化通则》规定成员国必须逐步取消对资本自由流动的限制，加强对资本自由流动的保障力度，扩大资本流动范围，实现国际资本在成员国之间的自由流动。现阶段，OECD 成员国基本实现了资本账户完全开放。而在具体研究中，由于不同学者研究的侧重点不同，对资本账户开放的界定也有所区别。一方面，研究侧重跨境交易的货币自由兑换，保证货币自由流动（Mussa 等，1998；姜波克和朱云高，2004）。另一方面，研究侧重跨境交易的业务管制放松（方显仓和孙琦，2014）。

二、跨境资本流动相关概念

跨境资本流动与资本账户开放密切相关，随着全球一体化程度不断提高，开放所带来的资本流入或流出可能影响不同国家的经济决策。目前,对跨境资本流动的定义仍然存在许多争议,但从已有文献来看,不同学者从四个方面理解跨境资本流动。首先,从时间的标准来区分,跨境资本流动包含短期跨境资本流动与长期跨境资本流动两个方面。根据国际货币基金组织(IMF)《国际收支手册》中对短期跨境资本与长期跨境资本的区分,一年以上的投资或贷款是长期跨境资本,一年以下的借贷或投资定义为短期跨境资本。典型的长期跨境资本比如一年以上的证券投资、直接投资,典型短期跨境资本比如投机性或保值性资本流动、短期贷款、短期证券投资以及贸易资金短期融资等。但随着金融衍生品市场的发展以及金融工具的创新,国际资本中中长期资本占比逐渐提高,特别是在证券投资和债券投资方面。另外,当投资即将到期时,长期跨境资本将变为短期跨境资本。于是,严格按照时间的标准划分没有显著意义。只有期间较为固定的贸易信贷及存款等投资,采用时间长短来划分。

其次,以资本流动的目的为标准区分短期跨境资本与长期跨境资本。一般来说,以投机为目的的资本划分为短期跨境资本,一些文献中称这部分资本为"热钱"(hot money),而以投资为目的的资本划分为长期跨境资本(Chuhan等,1996;宋文兵,1999)。但在实际经济运行中,区分短期投机资本和长期投资资本是十分困难的,比如一些直接投资中既包含长期投资的资本,也可能包括短期投机的贸易性或金融性资本,"热钱"中也可能包含部分长期投资的资金(张明和徐以升,2008)。

再次,以流动性为标准区分短期跨境资本和长期跨境资本,部分学者认为,跨境资本流动的风险源于资本流向的不确定性,资本流向的突然改变可能带来宏观经济波动(李翀,2003)。因此,易变性强的跨国流动资本是短期跨境资本,也就是随时可能改变方向的资本应该是借贷期限短的短期跨境资本,易变性弱的跨国流动资本是长期跨境资本。这样的区分标准既考虑了资本流动方向,也考虑了时间期限,相比前两种区分标准更加符合现时经济情况。

最后,以合法和非法为标准区分短期跨境资本和长期跨境资本。部分学者认为,对外贸易中的进出口伪报可被视为短期跨境资本的一部分,另外一些其他的非法流动方式,如"地下钱庄"的资本转移,也应被视为短期跨境资本的一部分(Schneider等,2003)。但需要注意的是,短期资本流动的小部分是资本非法转移，更多的还是证券投资等合法资本流动。另外，有些文献中将"资本外逃"（capital flight）等同于短期跨境资本流动，笔者认为这是谬误。原因是跨境资本流动无论是短期还是长期，都存在双向流动的特征，而"资本外逃"的概念更多是资本外流的意思，没有资本流入的部分，因此它不能等同于短期跨境资本流动。

在本书的后续研究中，跨境资本流动的概念更多偏向短期跨境资本流动，并且更多强调资本流动"量"的概念。这样做的原因是，短期跨境资本流动应该是各国金融体系更多"风险"的来源，而且对短期资本流动量的监测值得关注。于是，笔者认为，跨境资本流动是：易变性、流动性和投机性强、易于承担高风险的资本的流动量。它对金融体系和实体经济的作用可能存在一定的威胁。

第三节　研究内容和总体框架

一、研究内容

在明确资本账户开放与跨境资本流动相关概念的基础上，需要进一步探究资本账户开放和跨境资本流动的具体问题。因此，本书的研究内容大致可以分为八章：

第一章是论文的导论部分，主要阐述研究背景、研究意义，明确相关概念的定义，介绍本书的研究内容和逻辑框架，最后阐述本书主要采用的研究方法以及研究的创新点。

第二章是资本账户开放与跨境资本流动的理论基础。总体来看，本章共有两个部分，第一个部分详细阐述资本账户开放的理论基础，包括金融抑制现象、金融自由化理论以及金融深化理论；第二部分详细阐述跨境资本流动的理论基础，包括流量理论、存量理论以及 IS-LM-BP 模型，从理论角度阐述跨境资本流动如何在不同的政策选择下影响宏观经济波动和金融稳定。最后为本章小结。

第三章是资本账户开放、跨境资本流动的国际比较和指标测算。本章有两个部分，一部分是归纳新兴市场国家的资本账户开放经验，并将其与中国资本账户开放经验进行比较。然后，梳理资本账户开放度测算的相关文献，进行实际的资本账户开放度指标测算，为后续实证研究做铺垫。另一部分是归纳一些典型化国家的跨境资本流动管理经验，并对其进行效果评估，总结经验教训。而后，梳理跨境资本流动测算的文献，通过具体指标测算展示中国跨境资本流动规模的变化趋势，该指标也会运用在后续实证研究中。

第四章是资本账户开放实证研究部分的第一个章节：中国资本账户开放、货币政策与汇率制度选择。首先详细总结了中国汇率制度变化及货币政策调控方式转变历程，然后通过引入"三元悖论"与"二元悖论"的传统争论，梳理核心论点和资本账户开放次序问题的有关讨论，通过 IS-LM 模型简单阐述理论逻辑。而后，构建带有混合创新结构的时变参数向量自回归（MI-TVPSVVAR）模型，实证分析资本账户开放的次序问题，探究中国资本账户开放对货币政策独立性以及汇率制度选择是否有影响，如果有，具体的作用机制如何，金融改革如何安排。

第五章是资本账户开放实证研究部分的第二章节：中国资本账户开放的增长效应分析。本章中第一节，归纳和比较资本账户开放、经济增长与金融发展相关关系的研究，然后通过理论模型推演模型中变量之间的动态响应。而后，构建带有潜在门限结构的时变参数向量自回归（LT-TVPVAR）模型，探究变量的门限效应以及变量之间相互影响的时变特征，引出现阶段中国资本账户开放是否需要继续推进的探讨。

第六章为跨境资本流动实证研究的第一部分：短期跨境资本流动的多因素冲击效应。首先，梳理短期跨境资本流动影响因素的相关文献，为后续实证分析中变量的选取做出文献铺垫。然后，通过理论模型模拟变量间的动态响应机制，总结多因素对短期跨境资本流动影响的理论逻辑。之后，通过构建包含随机波动的时变参数向量自回归（TVP-SV-VAR）模型，实证分析短期跨境资本流动的多因素冲击效应。

第七章为跨境资本流动实证研究的第二部分：跨境资本流动、金融稳定与经济波动。首先，梳理跨境资本流动影响金融稳定与经济波动的具体机制以及金融稳定指数测算的研究。而后，通过构建带有增广因子的时变参数向量自回归（TVP-FAVAR）模型，选取不同角度的宏观经济变量以及金融变量，拟合中国金融稳定指数。之后，进一步通过模型的脉冲响应函数曲线分析跨境资本流动与金融稳定的关系，以期为跨境资本流动管理和金融体系稳定两个方面提供建议和参考。

第八章为结论及政策建议部分，梳理并总结全部研究的主要结论，提出相应的政策建议，期望为相关政策实施提供参考。

二、总体框架

本书总体的逻辑框图如图 1.1 所示。

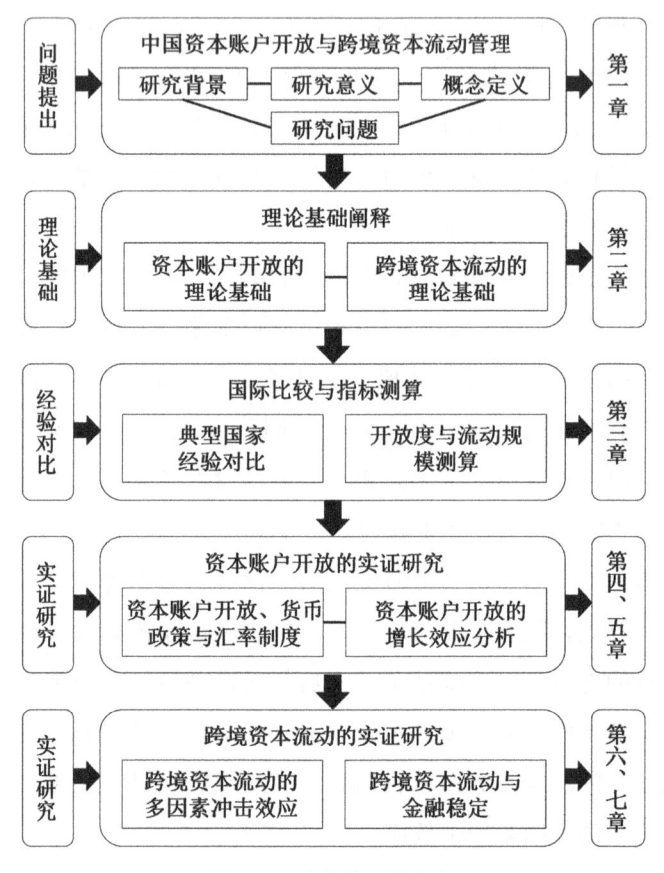

图 1.1　总体的逻辑框架

第四节 研究方法与创新点

一、研究方法

探究中国资本账户开放与跨境资本流动问题,本书主要采用的研究方法有:

在理论层面,第一,采用文献研究法。通过文献研究,系统梳理了相关的理论研究进展,同时对文献的共同点或不同点进行评述。第二,采用比较和归纳法及历史分析法。通过比较和归纳不同国家的资本账户开放经验以及跨境资本流动管理经验,发现成功国家的共同特征,总结失败国家的经验教训;在分析各国资本账户开放效果后,为这一研究题目奠定基础,该方法集中体现在第3章。第三,理论模型推演。在实证研究之前,要先进行一个简单的理论模型推演,阐述相关变量之间的动态关系以及研究问题背后的理论逻辑,为后续实证研究进行铺垫。

而在实证研究层面,本书主要运用 TVP-VAR 族模型。传统的经济计量方法是基于简单的经济理论描述变量之间的关系,比如多元线性模型、联立方程等,模型估计和推断建立在人为决定一些变量内生或外生的基础上。而在 Sims(1980)提出向量自回归模型(VAR)之后,越来越多的学者基于这一模型研究宏观经济中的现象。但实际上,由于传统 VAR 模型中假定 VAR 系数和扰动项方差是固定的,与现实中经济因素不断变化不同。因此,基于 VAR 模型,学者向非线性和时变参数的方向拓展,于是,时变参数向量自回归模型(TVP-VAR)应运而生。模型中,允许参数随时间变化,通过脉冲响应函数能够刻画变量间的动态特征(Primiceri,2005;Cogley 和 Sargent,2005;Boivin 和 Giannoni,2006)。在此基础上,Koop 等(2009)结合混合创新模型,将 TVP-VAR 模型拓展为 MI-TVPVAR 模型,该模型将用于第 4 章实证分析中。Nakajima 和 West(2013)将潜在门限模型纳入 TVP-VAR 模型结构中,拓展为 LT-TVPVAR 模型,该模型将用于第 5 章实证分析中。

另外，为了扩大模型中包含变量的数量，Bernanke（2005）提出增广因子的向量自回归模型（FAVAR），通过两步主成分分析法估计。这一模型解决了传统 VAR 模型包含变量少、信息有限的问题。为了反映变量间的动态关系，Korobilis（2009）将因子模型纳入时变参数向量自回归模型中，将其拓展为 TVP-FAVAR 模型，该模型将用于第 7 章实证分析中。

二、本研究的创新点

本研究在已有文献基础上，通过 TVP-VAR 族模型框架探究中国资本账户开放及跨境资本流动的具体问题，创新之处可能主要在于以下方面。

研究主要针对中国资本账户开放和跨境资本流动的经济影响进行实证研究，采用 TVP-VAR 族模型分别探究了四个方面的问题。第一，通过构建包含混合创新模型的 TVP-VAR 模型，讨论了中国资本账户开放、利率市场化和汇率市场化改革的次序问题。与以往研究不同，通过在时变参数向量自回归结构中加入混合创新模型，意在保持模型时变的基础上，更好地拟合利率和汇率的传导机制，让数据说话。因此，在对次序问题的讨论中，引入了表现更加良好的模型。第二，通过构建包含潜在门限结构的 TVP-VAR 模型，讨论了中国资本账户开放的增长效应。与以往研究不同，虽然许多研究证实资本账户开放、经济增长与金融发展三者之间存在门限效应，但多数模型的门限设定是外生的。因此，为了解决门限设定外生的问题，在时变参数模型的基础上，引入潜在门限结构，通过模型参数估计，合理判断变量间是否存在门限效应，这在应用上进一步拓展了以往文献中对资本账户开放增长效应的探究。第三，通过时变参数向量自回归模型，讨论了跨境资本流动的多因素冲击效应。与以往研究不同，跨境资本流动的影响因素需要考虑变量的时变特征。因此，通过构建多个 TVP-VAR 模型，更好地刻画了模型变量间的短期冲击。第四，通过包含增广因子的时变参数向量自回归模型，构建了中国金融稳定指数。与以往研究不同，在拟合指标时融入了跨境资本流动指标，运用模型的脉冲响应函数分析和讨论了跨境资本流动对金融稳定和经济波动的影响。因为因子模型在拟合指标上具有优势，所以本研究在已有指标的基础上进一步细化，在应用上将指标与跨境资本流动联系在一起进行讨论。

第二章 资本账户开放与跨境资本流动的理论基础

20世纪70年代开始,发展中国家普遍出现不同程度的金融抑制现象。到了90年代,部分国家通过使用金融开放和金融自由化手段意在消除金融抑制对经济增长的影响。于是,许多学者从金融抑制研究开始,逐渐向金融自由化研究发展。特别是自McKinnon和Shaw的系统阐述以来,对于金融抑制、金融自由化和资本账户开放问题的理论逐渐完善。但出于不同国家的不同国情,对基于理论的资本账户开放政策选择事实上各国存在很大差别。然而,不可否认的是,资本账户自由化乃至金融自由化均是各国最终希望达到的理想结果。在资本账户开放的过程中,学者不可避免地需要探究资本流动性问题,特别是在全球金融经济一体化程度不断提升的当下,跨境资本流动对一国经济和金融体系的影响越来越强。因此,从跨境资本流动的角度逐渐衍生出国际资本流动理论和IS-LM-BP模型。这些理论将作为探究跨境资本流动的理论基础。

本章结构如下:第一节,详细阐述资本账户开放的理论基础,包括金融抑制理论、金融自由化理论;第二节,详细阐述跨境资本流动理论,包括传统的利率和汇率决定论、现代的国际资本流动理论以及IS-LM-BP模型分析。最后是本章结语。

第一节 资本账户开放的理论基础

一、金融抑制理论

最初,发展中国家普遍出现一系列这样的金融现象,比如严格监管金融机构，调高法定准备金率；规定存贷款利率，降低实际利率；实施资本管制措施；信贷资金通过信贷配给方式分配。这样的金融现象被称为金融抑制，它也是发展中国家政府干预金融活动，抑制金融发展所实施的政策。金融抑制下，利率受到政府严格管控，货币不可自由兑换，进而导致金融体系效率低下，阻碍经济增长。McKinnon（1973）和Shaw（1973）对金融抑制进行了描述和研究，并且研究发现，这种情况在发展中国家比较普遍。McKinnon（1973）的理论的核心是放开国内金融市场，让利率反映出发展中经济体真正的资本稀缺。他的分析引出了对现行货币理论的批判，并对货币与实物资本之间的关系提出了新的观点，这一观点对政府努力克服通货膨胀与通货紧缩的恶性循环具有政策含义。在考察了韩国、中国台湾、巴西和其他国家的表现后，他认为它们的成功或失败主要取决于货币部门采取的措施。因此，研究结论是，货币改革应该优先于其他发展措施，如关税和税收改革或鼓励外国资本投资。这一结论不仅挑战了发展中国家的传统智慧，而且对公认的货币理论的修正可能对面临货币问题的经济体有提醒作用。

在此基础上，许多研究持有的观点是金融抑制不利于经济增长。其原因是：第一，融资模式受到监管机构的限制，尤其是直接融资，市场融资形式单一，进而导致信贷配给分配不均（王彦超，2014）。第二，由于信贷分配的问题，一些政府支持的行业或产业如工业部门信贷配给过度，而不被支持的行业或产业如服务部门信贷配给不足。虽然将有限的金融资源分配给工业部门，目的是促进经济增长、吸引外资，但这样的政策会导致经济增长不平衡（殷剑峰和王增武，2018）。第三，利率是制约经济增长的重要因素。在金融抑制下，利率受到严格管控，会降低金融中介活动和创新水平（Pagano，1993）。但是一些研究也发现，虽然金融抑制牺牲了经济效率，但是在处理市场失灵和金融风险上，对政府的帮助是比较大的。特别是对中国的金融抑制影响研究认为，在21世纪以前，金融抑制政策对经济增长是有促进作用的。但进入21世纪以后，金融抑制政策则会阻碍经济增长（Huang和Wang，2011）。因此，在不同时期内，金融抑制对经济增长的作用受到经济增长的目标影响，即追求经济稳定还是追求经济效率。

二、金融自由化理论

面对金融抑制现象,各国开始实行金融自由化政策,于是越来越多的学者加入到金融自由化的讨论中。而在相关理论的推进过程中,学者对不同时期金融自由化政策存在不同的理解。因此,在具体阐述金融自由化理论之前,有必要对金融自由化的有关理论作简要的阐述。具体包括：金融结构论,金融深化论,金融自由化理论,金融约束论和最近的金融控制论。

(一) 金融结构论

在金融自由化理论之前,20 世纪 60 年代开始,Goldsmith (1969) 提出了"金融结构"的概念,用来表示金融工具和金融结构相对规模、形式和性质。他认为一国金融结构的变化能够表现该国的金融发展程度变化。金融结构越发达,资金配置效率越高,越能够带动经济增长。因此,在这一前提下,金融开放非常重要,金融开放度越高,发展中国家越能从发达国家的经验中,学习和模仿发达国家的金融结构,通过引进发达国家的金融结构和金融工具,可以提升资本配置效率,扩大资本存量,进而提升经济增长规模和效率。后续研究中,王舒健和李钊 (2006) 的研究表明,虽然各国金融开放经验不同,但总体来说,金融开放对经济增长有益。Kose 等 (2009) 认为,金融开放能够改善政策制定、制度设计等,进而提升经济增长率,优化经济结构。

(二) 金融深化理论

在金融结构论的基础上,McKinnon 和 Shaw 进一步提出金融深化理论。他们认为,发展中国家不完善的金融制度阻碍经济发展。因此,金融发展是经济发展的动力,而金融深化是金融发展的本质表现。在 20 世纪 50 年代以后,凯恩斯主义占据主导,货币政策以低利率为主要标志。在发展中国家中,由于模仿发达国家的低利率政策,导致投资受到抑制。而且由于利率低,储蓄减少,投资资本供给减少,资本供求缺口扩大。于是政府增加非价格的信贷配给,进一步导致投资效益降低。而后,发展中国家为了调整这样的情况,根据金融深化理论设计自身的金融发展目标。金融深化的核心是政府需要降低对于本国金融和经济活动的过度干预,使金融发展和经济发展能够形成良性循环,最终实现金融自由化。具体措施是政府取消金融管制,尤其是对利率的管制，使得利率能够发挥配置资金的作用。

(三) 金融自由化理论

伴随着发展中国家和新兴市场国家的开放经验，金融自由化理论逐渐形成。它的核心是政府减少对金融活动的进一步干预，运用市场的调节手段，引导资源配置，通过市场竞争合理化利率和汇率水平，进而使得金融体系遵循市场发展规律运行。本质上是转变政府在金融领域的行为方式，目标是促进金融发展。在此以后，许多学者对金融自由化理论进行丰富。Kapur 和 Mathieson 的规模投资理论从开放经济角度，探究发展中国家的货币金融、经济稳定与增长的关系，意图为发展中国家经济政策制定和金融体制改革带来新的观点。Galbis 的投资效率模型则从利率入手，他认为通过提高投资质量，金融自由化能够提高经济增长，前提是要提高利率，改善资本存量。而后，通过探究内生增长模型，许多学者对金融机构与金融中介与经济增长的影响进行研究，Pagano（1993）的研究表明，金融自由化应该起始于对利率的管制放松，之后通过储蓄水平提高和投资效率的提高，资本流向效率更高的产业，进而提高银行效率，促进经济增长。内生金融增长模型则从稳态入手，探究金融条件变化下，金融发展对经济增长的影响是否发生变化。最后，在探究金融自由化理论的过程中，一些学者对金融自由化的次序问题进行探讨，形成金融次序化理论。该理论的核心观点是发展中国家的金融自由化应该按照一定次序进行，有先有后，如果不这样进行，很难保证经济发展的稳定性。这一理论为发展中国家的政策设计和制度安排提供了理论和实践指导意义。

(四) 金融约束理论

进入 20 世纪 90 年代，金融领域风险和环境发生根本性变化。于是，金融约束理论逐渐产生。Stigilitz 的研究认为，由于在新的环境下，发展中国家不能获取完整的市场信息，因此不能做到帕累托最优。在这种情况下，有限政府干预可以提高经济效率，使金融体系更好运行。金融约束理论的核心是政府使用有限的干预手段，使利率低于均衡利率，进而通过一定程度的金融抑制提升资本配置效率。这隐含的意思是，政府能够有效管理金融业，解决市场失灵的问题。而对发展中国家来说，利率过高并不是好事情，高利率条件下的金融自由化，不仅会影响银行贷款投资效率，还会产生金融体系非稳定性。后来，亚洲金融危机爆发后，许多学者对这一理论的观点表示支持，但也有支持金融自由化理论的学者表示反对。

（五）金融控制理论

在南美洲国家金融自由化和资本账户开放实践失败以后，McKinnon 对金融自由化理论进行调整。金融控制理论的核心内容是金融自由化应该在适当的控制中进行，完全的金融自由化可能需要在循序渐进中完成。但是这一观点受到一些学者的反对，他们认为，金融自由化改革的政治意愿会随着实践的推移而逐渐降低，因此，在政府对金融自由化持支持态度时，就应该立即推进金融自由化改革进程。

以上理论源于不同时期和不同经济背景，因此可能在一些角度存在自身的局限性。但是，部分理论中的假设与现实情况较为吻合，对于发展中国家还是有一定的参考价值和借鉴作用。总体上看，理论模型基本解释了金融自由化、金融发展对经济增长的影响机制，但在金融动荡和金融危机下，理论没有很好解释金融危机与金融自由化和金融发展的关系。而从中国的实践来说，政府更多是在有管理的情况下调整开放政策，这很好地说明了中国对部分理论观点的运用。

第二节　跨境资本流动的理论基础

宏观经济学经历了 200 多年发展历程，逐渐形成一系列关于资本流动的理论。对于资本流动的动因，不同理论从不同的角度进行阐释。本节中，从静态和动态的角度，系统梳理跨境资本流动的相关理论。

一、传统利率和汇率决定理论

（一）古典利率决定说

古典利率理论的研究者认为，跨境资本流动的主要驱动因素就是利率。当两国存在利差时，资本能够在国家之间流动，最终在某一均衡处达到平衡。

因此，金融市场的名义利率之差可以代表国际资本收益率。Bagehot 的研究表明，由于利率的驱动，国际资本向利率高处累积，并且资本随着利率变化而不断在国家之间流动。Wicksell 的研究则将利率与跨境资本流动的关系进一步明确。他的研究指出利率提升能够吸引外资流入并且阻止内资流出，利率下降将使外资流出，内资流出预期增强。但是利率的驱动作用仅是暂时性的，在长期来看，利率对跨境资本流动的影响并不显著。Fisher 在李嘉图比较优势理论的基础上对利率影响跨境资本流动做出了更加深入的解释，当两个国家出于实现福利最大化目的而进行商品和资本交换时，低利率的国家在当期将商品和资本输出到高利率国家，而高利率的国家在未来将商品和资本输出到低利率国家，形成资本流动。

（二）利率平价理论

在以上理论的基础上，最终形成了现代利率平价理论。其中，无抛补利率平价理论认为：

$$1 + r_t = \frac{(1 + r_t^*) S_{t+k}^e}{S_t} \tag{2.1}$$

式中 r_t 为利率，S_t 是汇率，r_t^* 是外国利率，S_{t+k}^e 是 $t+k$ 时的汇率。当等式 (2.1) 左侧货币国内收益等于等式右侧货币国外收益时，资本流动为零。进一步，等式（2.1）两侧同时减 $r_t^* - S_t$，等式可以变为：

$$r_t - r_t^* = \frac{S_{t+k}^e - S_t}{S_t} \tag{2.2}$$

等式（2.2）表明，两国利率之间的差等于汇率预期变化率。当本国利率高，$r_t - r_t^* > 0$，跨境资本流入，弥补本币贬值损失。当外国利率高时，$r_t - r_t^* < 0$，跨境资本流出。

抛补利率平价理论则认为：

$$CD = r - r^* - f \tag{2.3}$$

CD 是抛补利息，它是国内外利差减远期升水 f。只要存在抛补利息，就会存在资本流动。

（三）利率和汇率联合决定论

随着研究进展，利率显然不再是唯一影响跨境资本流动的因素。越来越多的研究表明，汇率也是跨境资本流动重要影响因素之一。Keynes 是最早将利率、汇率与资本流动联系在统一框架下研究的学者。他的研究表明，远期汇率是由短期利率之差决定的，远期汇率也会围绕均衡利率上下波动。因此，无论远期汇率对均衡利率的偏移如何，套利和套汇空间都会使资本充分流动。于是，资本会被配置到最有利的投资区域。在他之后，Ohlin 对汇率如何影响跨境资本流动给出了充分解释，他的研究表明，在金本位制下，由于外汇供需影响，汇率会在需求大于供给时上升，而后供给增加将会导致汇率回到金价均衡水平。只有汇率超过黄金输入价格，跨境资本会受此驱使流入国内。

二、现代国际资本流动理论与开放经济下的 IS-LM-BP 模型

（一）现代国际资本流动理论

在古典利率驱动和金本位制思想的影响下，许多学者对利率与跨境资本流动的长期关系进行研究。它的核心思想是，利率仍然是驱动跨境资本流动的主要因素，因此只要两国间存在利差，资本就会流动，直到利率相等。Meade 通过一个简单的模型揭示了这种思想，他指出：

$$T = T[Y^-, (e/P)^+] \tag{2.4}$$

$$\Delta R = PT + F = PT[Y^-, (e/P)^+] + F(i^+, i^{*-}) \tag{2.5}$$

T 是贸易差额，e 是汇率，P 是价格，Y 是产出。$F(i^+, i^{*-})$ 是资本流量，i 是利率，+、- 分别表示资本流入流出。他认为，在收入和物价不变的条件下，利率导致资本流动变化。而后，MacDougal 对此进行拓展，他的研究表明，不只是利率驱动，只要是存在投资收益高的地区，就会产生跨境资本流动。商品价格、福利水平、资本充足率都会导致资本流动。Reinhardt 等（2013）的实证研究也证实新古典主义理论中，较不发达国家倾向于资本净流入，而较发达国家倾向于资本净流出。

（二）开放经济下的 IS-LM-BP 模型

Mundell 在国际资本流动理论的基础上，将国际收支引入 Keynes 的 IS-LM 模型中，探究在开放条件下资本流动与利率汇率之间的关系。宏观经济中包含三种市场——商品市场、货币市场和外汇市场。因此，IS-LM-BP 模型由三条线构成，即反映商品市场的 IS 曲线，反映货币市场的 LM 曲线以及

反映外汇市场的 BP 曲线。

首先，IS 曲线可以表示为：
$$I(i) - S(y) + X(e,y^*) - M(e,y) + G - T(t,y) = 0 \qquad (2.6)$$
因此，Y 可表示为：
$$Y = \bar{C} + c(1-t)Y + \bar{I} - br + \bar{G} + \bar{X} - (\bar{M} + my) \qquad (2.7)$$
其中，i 是利率，y 是收入，$I(i)$ 和 $S(y)$ 表示私人部门投资和储蓄；$X(e,y^*)$ 和 $M(e,y)$ 分别表示进口和出口；G 是政府支出，$T(t,y)$ 是税收。因为，$dI/di \leqslant 0$，$dX/dy > 0$，$dX/de > 0$，$dX/dy^* > 0$，$dM/de < 0$，$dM/dy > 0$，$dT/dt \leqslant 0$，$dT/dy > 0$。所以，曲线表现为向右下倾斜，斜率取决于投资对利率的敏感性和乘数。

LM 曲线可以表示为：
$$\frac{M_S^D + e^* F}{P} - L(y,i) = 0 \qquad (2.8)$$
进一步可得：$M/P = kY - hr$。其中，M_S^D 是央行的再贷款，$e^* F$ 是外汇占款，$L(y,i)$ 是货币需求，P 是价格水平。M/P 是实际货币需求，k 是货币需求弹性，r 是投机需求的利率弹性。LM 曲线是向右上方倾斜的曲线，斜率与货币需求对利率与收入的弹性有关，$dL/dy \geqslant 0$，$dL/di \leqslant 0$。央行实施扩张或紧缩货币政策导致 LM 曲线向右或左移动。

BP 曲线可以表示为：
$$C(r) + X(e,y^*) - M(e,y) - F = 0 \qquad (2.9)$$
进一步可以写为：
$$BP = \alpha_1 ER - \alpha_2 Y + \alpha_3 Y^* + \delta(r - r^*) \qquad (2.10)$$
$M(e,y)$ 和 $X(e,y^*)$ 分别表示外汇需求和资本流入。$C(r)$ 是资本项目差额，$dc/dr > 0$。曲线斜率取决于资本流动对收益率的弹性。等式（2.10）中的变量均与国际收支 BP 有关。

一般情况下，资本流动的状态有：完全自由流动、完全不能自由流动以及非完全自由流动。现实经济运行中，一般国家实行非完全资本自由流动的跨境资本流动管理政策。因此 BP 曲线向右上倾斜，资本流动程度决定它的斜率。另外，汇率制度有固定汇率制和浮动汇率制两大类。接下来，将分别探究不同汇率制度下，货币政策和财政政策对跨境资本流动以及金融稳定的影响。

1. 固定汇率制下货币政策变动对资本流动的影响

图 2.1 所示为固定汇率制下，货币政策变化对资本流动的影响。以扩张的货币政策实施为例，当国家实行扩张的货币政策时，货币供应量增加，LM 向右移动至 LM'，均衡点 O 移动至 O'。扩展的货币政策会使收入上升，利率下降。而后，跨境资本流出增加，进口增多，导致外汇储备减少，货币供应量减少。于是 LM' 移动至 LM，经济回到均衡点 O。虽然利率和收入回到均衡状态，但外汇储备减少。因此，如果一国外汇储备不足，在实行扩张的货币政策时，很可能导致货币危机，影响金融体系稳定性。

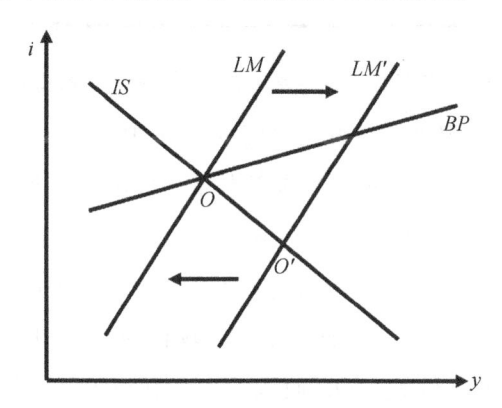

图 2.1　固定汇率制下货币政策对资本流动影响曲线

2. 浮动汇率制下货币政策变动对资本流动的影响

图 2.2 所示为浮动汇率制下，货币政策变化对资本流动的影响。以扩张的货币政策实施为例，当国家实行扩张的货币政策时，货币供应量增加，LM 向右移动至 LM'，均衡点 O 移动至 O'。扩展的货币政策会使收入上升，利率下降。而后，跨境资本流出增加，进口增多，导致外汇市场供应量减少，本币贬值。于是 IS 移动至 IS'，BP 移动至 BP'，均衡点 O' 移动至 O''。此时，相比于原均衡点 O，收入上升，但利率变化取决于各曲线的斜率。

相比于固定汇率制，浮动汇率制下货币政策对资本流动和金融稳定的影响要大。受 Marshall-Lerner 条件的制约，汇率变化对国际收支影响的关系是不确定的。因此，这意味着政府必须减少支出，才能实现外汇市场均衡。但政府支出减少会带来收入减少,经济增长率降低,进而导致跨境资本流出。另外,当本币存在贬值预期时,贸易差额缩小。所以,本币贬值可能引发汇率风险,对金融体系冲击较强。

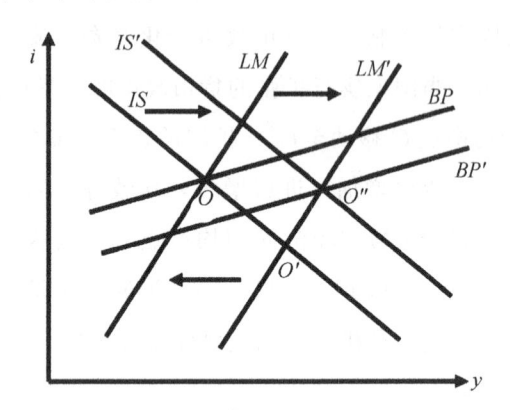

图 2.2 浮动汇率制下货币政策对资本流动影响曲线

3. 固定汇率制下财政政策变动对资本流动的影响

图 2.3 所示为在固定汇率制及非资本完全自由流动条件下,财政政策变化对资本流动的影响。以扩张的财政政策实施为例,当国家实行扩张的财政政策时,IS 向右移动至 IS',均衡点 O 移动至 O',扩展的货币政策会使利率上升。而后,跨境资本流入增加,外汇市场供应量上升。于是 LM 移动至 LM'。此时,相比于原均衡点 O,收入上升,利率下降,但比原均衡点的利率高。

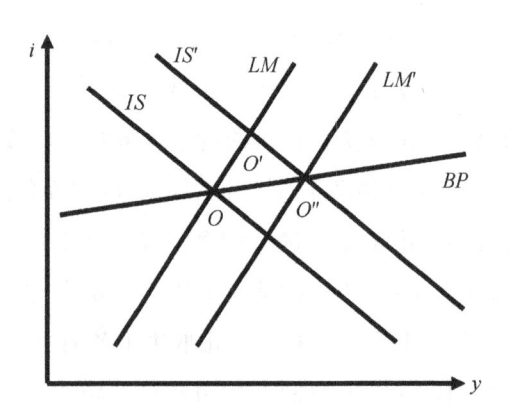

图 2.3 固定汇率下财政政策对资本流动影响曲线

相比于货币政策,财政政策对资本流动和金融稳定的影响更剧烈。究其原因，一是，扩张型财政政策会使得资本流动带来的债务累积，形成债务危机。二是利率上升会使金融机构成本增加，资产价格下降。所以不利于金融机构经营，也不利于金融稳定。三是，如果一国面对负面外部冲击，跨境资本会在短期内流出。四是，收入增长可能会引起经常项目的顺差减少，如果此时利率上升，会导致外汇储备减少，增加本币的贬值预期。因此，在固定汇率制下，扩张的财政政策需要配合跨境资本流动管理政策。

4. 浮动汇率制下财政政策变动对资本流动的影响

图 2.4 所示为在浮动汇率制及非资本完全自由流动条件下，财政政策变化对资本流动的影响。以扩张的财政政策实施为例，当国家实行扩张的财政政策时，IS 向右移动至 IS'，均衡点 O 移动至 O'，扩展的货币政策会使利率上升，收入上升。而后，跨境资本流入增加，本币升值。于是，出口下降，IS' 移动至 IS''。此时，均衡点 O 移动至 O''，收入及利率相比原均衡点的收入和利率高。

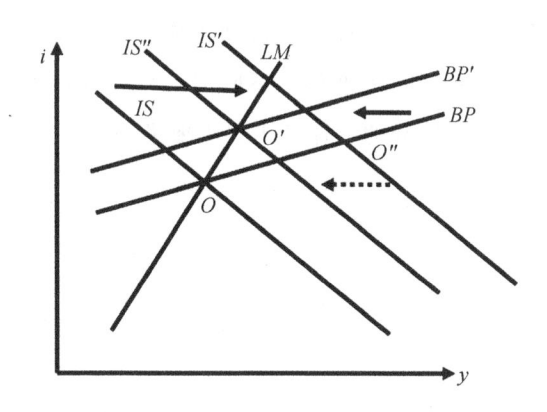

图 2.4 浮动汇率下财政政策对资本流动影响曲线

因此，在浮动汇率制下实施扩张的财政政策可能产生的影响：第一，同固定汇率制下的情况一样，利率上升，本币升值，会使经常项目顺差缩小，债务增加。第二，扩张的财政政策会带来贸易逆差，资本流入会使金融稳定不受影响。第三，如果贸易差额发生逆转，可能需要通过本币贬值维持均衡状态。但本币贬值的消极作用更大，对金融稳定不利。

第三节 本章小结

本章为资本账户开放与跨境资本流动理论的基础部分,介绍了资本账户开放相关理论中的金融抑制论和金融自由化理论以及跨境资本流动相关理论中的利率汇率决定论和现代国际资本流动理论、IS-LM-BP 模型。随着理论研究的不断发展,资本账户开放理论已经逐渐从解释金融现象转向讨论相关管控的影响,而跨境资本流动的理论则从影响因素的探究转向对金融体系和宏观经济影响的研究。这对中国资本账户开放和跨境资本流动研究的启示是:第一,虽然自由化仍然是开放政策最终追求的目标,但是具体政策实施是因人而异的。在不同时代背景下,资本账户开放的影响以及相关政策配合需要根据不同情况进行调整。因此,中国资本账户开放需要基于自身经济情况,设计合适的开放路线。第二,跨境资本流动不能放任自流。因为影响跨境资本流动的因素较多,随着时间的推移,不同因素会导致资本流动影响发生变化。因此,针对跨境资本流动的具体冲击仍需要进一步研究。

第三章　资本账户开放与跨境资本流动管理国际比较和指标测算

基于前一章对理论基础的铺垫，有必要对具有资本账户开放经验以及跨境资本流动管理经验的国家进行政策比较。资本账户开放和跨境资本流动内容普遍存在于一国日常经济活动和金融体系中，各国根据实际需要，设计自身的资本账户开放路径和跨境资本管理体系。因此，不同国家的具体措施可能有所不同。但是，从这些国家的经验来看，资本账户开放过程的设计和跨境资本流动管理中可能存在共性。有鉴于此，本章通过归纳和总结典型新兴市场国家的资本账户开放经验以及不同地区或不同国家的跨境资本流动管理经验，对比中国自身的资本账户开放历史和现状，吸取成功经验，总结失败教训，为中国资本账户开放和跨境资本流动管理提供现实参考。另外，后续实证研究中需要实际数据作为基础，因此，本章中具体测算了中国资本账户开放度和跨境资本流动量指标。

本章结构如下，第一节简单梳理新兴市场国家的资本账户开放经验，对比中国自身的资本账户开放历史和现实情况做一个大概的判断。第二节梳理资本账户开放度测算的文献，具体测算中国资本账户开放度。第三节为跨境资本流动部分，归纳总结各国跨境资本流动管理的经验。第四节测算中国跨境资本流动规模。最后为本章小结。

第一节 新兴市场国家开放经验及中国资本账户开放进程

一、新兴市场国家开放经验

(一) 阿根廷

阿根廷的资本账户开放始于20世纪70年代左右，当时阿根廷国内通胀率居高不下，社会债务激增，加之货币当局滥发钞票，进而导致更加严重的通货膨胀。为了解决这一问题，政府积极推进金融自由化并完全放开资本账户，同时宣布本币爬行盯住美元。但改革并没有达成理想效果，随着国际债务和国内信贷量的猛增，通胀率再次增高。于是，政府不得不提高利率应对通货膨胀，但国际资本的流入反而加剧了通货膨胀。在国内缺乏对金融系统监管的情况下，银行的坏账率不断增加，最终破产。在银行陷入债务危机之后，开放进程不得不中断。到了20世纪90年代左右，在IMF和世界银行的帮助下，政府再次开放资本账户，通过推行国有企业私有化改革，吸引国内外私人投资。同时，实行本币与美元比价为1∶1的固定汇率，与美元实现完全可兑换，外汇市场完全自由化。这些举措成功降低国内通胀率，但本币发行与外汇储备严格挂钩的情况使经济又陷入通货紧缩中。用资本账户盈余弥补经常账户逆差的做法并不具备持续性，加之短期投机资本大量进入，最终导致政府财政枯竭，在21世纪初再次陷入债务危机。之后，阿根廷政府公开宣布违约，造成国际资本大量外流，经济受到严重冲击。于是，货币当局实行资本项目管制和外汇管制，汇率制度转变为盯住美元的浮动汇率制，这些措施逐渐缓解了国内经济危机。直到2008年金融危机爆发，为抵御外部冲击，货币当局采取有管理的汇率干预政策以及资本项目管制措施。总体来看，阿根廷经历了"激进式开放资本账户—有管理的资本账户开放"的过程，政府对资本账户开放的态度更加谨慎，加之对汇率采取一定干预，经济逐渐转缓。

(二) 智利

与阿根廷资本账户开放时间相近，20世纪70年代开始，智利启动资本账户开放进程。同一期间，智利政府放开金融机构存款利率管制，进行银行私有化，出台《外汇管理法》，批准外资银行进入国内市场。同时，国内恶性通胀弥漫，于是智利央行决定实行固定汇率来抑制通货膨胀。但大量短期跨境资本受通胀带来高利率的吸引进入智利，推动实际汇率升高，巨大的国内外利差使得国内银行向外部举债。政府为维持固定汇率消耗外汇储备，同时银行陷入债务危机。最终，智利政府放弃固定汇率。至此，第一阶段资本账户开放失败。于是，政府重新开始实施资本项目管制。之后，政府实行爬行钉住美元的汇率制度，并且不断放宽爬行区间。直到20世纪90年代，由爬行盯住美元转变为爬行盯住一篮子货币。1997年亚洲金融危机之后，智利政府实行完全浮动的汇率制度，同时对进入国内市场的资本实施临时管制措施，比如对外国借款征收印花税，要求所有银行和金融机构实行20%的无息准备金要求，外国直接投资必须在智利一年等政府。但对资本的流出则放松限制，比如允许国内投资者和金融机构投资国外证券市场，放宽外国投资利益汇出和撤资限制等。至2001年，智利政府全面取消资本账户管制措施，实现资本自由流动。总体来看，智利资本账户开放进程与阿根廷所不同的是，在20世纪80年代初，智利政府建立较为完善的金融管理法律体系以及宏观审慎体系。因此，在防范金融风险，应对跨境资本短期冲击方面，具体效果可能优于阿根廷，资本账户开放进程可能更加顺利（张礼卿和戴任翔，1999）。

(三) 哥伦比亚

同其他拉美国家一样，从1991年开始，哥伦比亚政府开始全面开放资本账户，同时改革外汇管理制度，允许中央银行及其他金融机构进行外汇自由交易和兑换，允许外国直接投资大规模流入并且外国公司的利润汇出没有任何限制。之后，允许本国居民投资海外证券市场，降低出口结汇比重，资本账户的监管政策也逐渐由对资金用途的监管转向对期限的监管。在1993年至1998年期间，政府实行无息准备金制度（URR）以及显性托宾税等资本管制政策。特别是在亚洲金融危机期间，虽然取消了托宾税，但URR更加严格，区别于智利的URR制度，针对不同期限的外国贷款，哥伦比亚央行会有相对应的准备金率表。直到 21 世纪初，URR 完全取消。另外，对于流入国内的资本，哥伦比亚政府一直保持适度的监管，比如，外国投资基金需要经过证监会的批准，以减少外资的非法流入；禁止金融机构的净外汇资产为负，禁止金融机构用外汇进行比索贷款，以提高外汇贷款的成本；限制外资银行的出口信贷额度等等。

（四）地中海国家

地中海国家是指一些国家和地区的集合，包括阿尔及利亚、埃及、以色列、约旦、黎巴嫩、利比亚、摩洛哥、巴勒斯坦权力机构、叙利亚和突尼斯。本节中，将对这些国家的汇率制度选择以及资本账户开放过程进行横向比较。

表 3.1　2018 年以前地中海国家汇率制度选择

国家	汇率制度选择
阿尔及利亚	从 1991 年到 1995 年，阿尔及利亚第纳尔固定在一篮子货币上（权重由贸易和资本流动决定）。1995 年 12 月 23 日，它转向一个有管理的浮动制度，尽管实际上它仍然严格控制第纳尔/美元汇率。2018 年，实行其他有管理的汇率安排，以货币总量为目标的货币政策。
埃及	在 1991 年至 2000 年年中，实行盯住美元的汇率制度；从 2000 年年中开始允许大幅贬值。在 2001 年 1 月底，引入了浮动汇率制（中间汇率 2.85 里亚尔/美元上下浮动±1%）。2001 年至 2002 年，中央汇率多次贬值，波动幅度扩大至±3%。从 2003 年 1 月底开始，官方允许汇率浮动。2004 年 12 月，埃及实行统一、灵活的汇率制度，建立了正式的银行间外汇市场。2018 年，实行稳定化安排的汇率制度。
以色列	新谢克尔与一篮子货币（德国马克、瑞士法郎、英镑、日元、美元）挂钩，浮动幅度在±5%左右。从 1991 年底开始，根据通货膨胀差额调整了中央汇率和幅度。1995 年 6 月，扩大到±7%，并调整了加权（根据 1994 年贸易统计数字的方向）。在 1997 年 6 月，条带被加宽至±15%，并改变了上下条带的调整率，使条带最终变得越来越宽。到 2003 年，带宽达到 55%（即±27.5%）。2004 年，该机制被重新归类为一个独立的浮动汇率制度（在事实基础上），2005 年 6 月，汇率区间在法律上被放弃。2018 年，仍然实行浮动汇率制，以通胀为目标的货币政策。

续表

国家	汇率制度选择
约旦	直到1995年，第纳尔一直与特别提款权SDR的货币挂钩；从1995年底开始，实际上与美元挂钩。到2018年，仍然实行传统的盯住美元汇率制度。
黎巴嫩	直到1998年，它还被归类为浮动。然而，事实上，从1993年初开始，它的汇率就缓慢盯住美元，直到1998年才转为盯住美元；从1993年到1998年，本币对美元的汇率仅下降了13.5%。2018年，实行稳定化安排的汇率制度，汇率弹性大于传统盯住制度。
利比亚	在法律上，第纳尔与特别提款权挂钩，允许第纳尔贬值到特别提款权的限度，从而使汇率波动幅度越来越大。在2002年和2003年进行了官方货币贬值。2018年，利比亚实行传统的钉住一篮子货币的汇率制度。
摩洛哥	最初，迪拉姆与法国法郎挂钩。1996年6月，制定了一个相对于一篮子货币的中央汇率，汇率保持在一个围绕中央汇率的波动范围内。从1999年起，随着欧元的诞生，一篮子货币改为包括欧元、英镑和美元（权重由贸易决定）。2018年，摩洛哥实行传统的盯住一篮子货币的汇率制度。
叙利亚	多重汇率制度，汇率的数量减少到两种，即官方汇率和邻近市场汇率。本币与美元挂钩。2018年，实行参考一篮子货币的其他有管理的汇率安排。
突尼斯	直到1994年2月，第纳尔一直与一篮子货币挂钩。此后，它变为一个有管理的浮动；1999年，它被重新归类为爬行盯住；在2000年底重新分类为管理浮动，自2002年1月1日起，一直遵循实际有效的汇率规则。2018年，汇率制度实行类爬行安排。

注：资料来源 IMF。

在地中海国家中，资本账户开放被视为改善政策环境可信度的工具，以促进更多的资本流入。在发展过程中，当面临资本短缺的情况时，它们应该是资本的输入国，有形资本的回报率应该高于其他国家。虽然许多国家愿意接受外国直接投资（可能针对敏感部门的投资除外），但它们不愿意资本外流，或被视为投机性资本项目的流入，如组合投资。尽管如此，全面放开所有资本流动，可能有助于让市场对政策方向放心。对于外国投资者来说，以低成本退出市场的能力与进入市场的能力同样重要。在具体措施上，从20世纪90年代开始，部分国家不同程度开放资本账户，但是由于同样面临外部金融风险，许多国家采取较为严格的管制措施。比如阿尔及利亚、埃及、以色列和约旦，出口收益需要上缴，居民必须将在国外取得的任何资产汇回国内并交出；资本转移到国外需要授权；允许外国直接投资进入和保证遣返。直到21世纪初，一些国家才对外国人开放一部分证券投资。还有一些国家的管制措施相对放松，比如黎巴嫩，只有部分资本交易（包括向非居民发放贷款、吸收非居民存款和向居民发放银行贷款购买外汇）涉及管制；不限制外国直接投资。而后，虽然增加了更多的控制措施，但控制制度的影响似乎没有那么广。总体来看，地中海国家在资本账户开放方面，还是采取有管理的开放措施，来降低风险和不确定性，帮助将国内投资决策与国内融资的可获得性脱钩。这些国家在20世纪90年代和21世纪前十年的资本账户开放经验，突出了健全的宏观经济政策的重要性。

二、中国资本账户开放进程

回顾中国资本账户开放进程，可以大致将历史时期分为四个阶段：计划经济时期、市场经济建立初期、加入WTO后加速开放期以及深化改革期。在改革开放以前，中国实行计划经济体制，资本账户完全封闭，外汇管理集中于中央银行。在改革开放后，汇率制度出现重大变化，伴随着外商投资提升，资本账户小部分管制放宽，但是整体管制依然严格。之后，虽然中国顺利实现经常项目完全可兑换，但是受到亚洲金融危机的冲击，资本账户的开放进程暂时搁置。直到中国2001年加入WTO以后，随着贸易开放程度的增加，资本账户开放度的提升进入加速阶段。2003年，党的十六届三中全会通过的《中共中央关于完善社会主义市场经济体制若干问题的决定》，明确指出："在有效防范风险的前提下，有选择、分步骤放宽对跨境资本交易活动的限制，逐步实现资本项目可兑换"。但在此时，开放领域主要集中在直接投资，积极鼓励外商投资，之后开放范围逐渐扩大至证券市场的跨境资本和金融交易，通过设立合格境外投资者QFIIs和境内投资者QDIIs机制，有控制地允许QFII投资国内资本市场和QDII投资国外市场。2009年以后，直接投资项目实现了基本可兑换，证券投资项目开放通过通道开放方式进一步推进。2010年，"十二五"规划将逐步实现资本项目可兑换纳入进来。此后，资本项目开放逐步推进，2013年，上海自由贸易试验区成立，能够为资本账户开放提供实验的平台。其后，越来越多的地区建立自由贸易区，资本账户开放政策也同步在自由贸易区中实施。

总体来看，中国资本项目开放是在逐渐递进，从一定程度上讲，是McKinnon倡导的"渐进式"改革的实例。在直接投资领域，开放水平已经较高，相关政策限制的进一步放松目的在于减少程序，简化流程。但对资本市场产品和货币市场工具，为了打开或者扩大融资渠道，中国正试图多角度探索，尝试创新开放的新路径。比如在2015年中国同英国对"沪伦通"的实施可能性进行探讨，最后于2019年6月这一渠道正式开通，虽然由于政治原因"沪伦通"暂停，但这一尝试是积极的。

基于20年左右的资本账户开放经验，中国的尝试可以总结为：第一，选择合适的时机和正确的顺序。事实上，在21世纪初，中国在资本账户可兑换方面一直是相对滞后的，这与前述新兴市场国家和地中海国家的"激进式"开放经验完全不同。当然，值得注意的是，汇率市场化改革目前可能处于相对落后低位，因此需要密切关注投机性冲击的威胁。第二，在开放过程中不断通过试点和推广来降低改革风险。比如在证券投资方面，通过前期试行QFII和QDII等制度，然后不断扩大范围的办法，及时纠正不成熟的措施。第三，在应对外部冲击上，中国及时调整资本账户开放的步伐，维护金融稳定和汇率稳定。特别是在2008年金融危机期间和2015年汇率改革以后，通过调整资本账户和资本流动，一定程度上增强了投资者信心，减弱了外部冲击的负面影响。另外，中国也在不断完善宏观审慎管理，逆周期调节因子和远期售汇保证金制度都具有一定程度的积极作用。

第二节 资本账户开放度测算

一、资本账户开放度测算研究综述

从以往的研究来看，对于如何准确测算一国资本账户开放度，许多学者探究了不同的方法。总体上,测算分为两类,一类是名义测算法,另一类是实际测算法。

(一) 名义测算法 (de-jure)

一般是基于规则的资本账户开放度测算方法,反映资本账户管制程度,大致有三类。一是基于 IMF 提供的《汇兑安排和汇兑限制年报》(AREAER) 中信息的方法 (Grilli 和 Milesi-Ferretti, 1995; Schindler, 2009)。最初,研究基于二元法,即 0 表示经济体存在限制,1 表示不存在限制。但是,这样的测算明显过于粗糙。之后,Chinn 和 Ito (2002) 对基于 AREAER 中的多重汇率、经常账户交易限制、资本账户交易限制和解约出口收汇要求四个二元虚拟变量进行主成分分析,得到平均期为 5 年的资本账户开放指数——Chinn-Ito 指数,该指数是学界目前较为常用的名义资本账户开放度指标。根据最新的 Chinn-Ito 指数,中国 2017 年的开放度为 0.166,这说明中国名义资本账户开放度水平仍然较低。Quinn (1997) 则使用了其中的金融交易监管信息。二是基于 OECD 在其每两年一期《资本流动自由化法规》的跨国交易行为限制状况说明构建的指标 (Klein 和 Olivei, 2008)。区别于简单的 0/1 赋值,Klein 和 Olivei (2008) 的 K-O 指标将 0 到 1 之间分为 11 份,数值越接近 1,资本账户开放度越高。雷达和赵勇 (2008) 运用 K-O 指标对中国资本账户开放度的变化进行测度,研究表明中国名义资本账户开放度水平处于中等地位,但远低于实际开放水平。三是国际金融公司 (IFC) 用来描述新兴市场国家股票市场对国外限制程度的股价指数,属于一类事实分析法 (Levine 和 Zervos, 1998)。李轩和潘英丽 (2013) 在 IFC 方法基础上,通过测算捕捉到中国资本账户开放渐进推进的变化过程。除上述方法外,顾海兵和夏梦 (2013) 通过四挡取值从国家经济安全的角度对中国资本账户开放度进行测算。总结上述方法,共性的地方在于指标的测算过程中掺杂了较多的法规因素,并且一些指标的构成常常在具体细化和赋值上具有较强的主观性,因此测算结果可能与实际情况并不相符。

(二) 实际测算法 (de-facto)

除名义测算法以外,另一类测算资本账户开放度的方法是实际测算法,这类方法更多反映了一国资本实际流动的情况。许多学者通过不同角度运用具体数据测算，比如 Bekaert（1995）的股市收益率相关性指标，Feldstein 和 Horioka（1980）的储蓄—投资相关性（F-H 条件）指标，杨荣海和李亚波（2017）同样测算了中国数据下的 F-H 条件并进行实证分析。运用占比法测量的有 Lane 和 Milesi-Ferretti（2007）FDI、证券投资资产和负债总量之和比 GDP，Kraay（1998）资本流量/存量规模。还有运用抛补利率平价理论（CIP）进行的具体测算，如 Edwards 和 Khan（1985）、Haque 和 Montiel（1990），该理论认为利率的匹配程度能够用来衡量资本账户开放度。国内学者中，雷达和赵勇（2008）、曾敏丽和卢骏（2012）分别用状态空间模型和二元 Probit 模型估计了中国资本账户开放度。相比于名义测算，这类指标更具有实际意义以及灵活性，更适用于观察资本账户的直接或间接效应。

二、中国实际资本账户开放度测量

根据后续实际研究需要，采用模型估计测度中国资本账户开放度指标。考虑到资本账户开放具有时变特征，于是，作者构建时变参数的状态空间模型，结合利率平价理论模型并运用卡尔曼滤波法来具体估计中国的资本账户开放度。本节基于 Edwards 和 Khan（1985）的初始理论以及 Haque 和 Montiel（2006）对模型的扩展，测算实际资本账户开放度。假设对于一个资本账户开放国家，其市场出清利率 i 由国际市场利率 i_0 和完全封闭下国内市场利率 i_1 的加权构成。于是，市场出清利率 i 可以表示为：

$$i = \lambda i_0 + (1-\lambda) i_1 \tag{3.1}$$

其中，参数 λ 表示资本账户开放度且 $\lambda \in [0, 1]$。当 $\lambda=0$ 时，意味着资本完全不流动；当 $\lambda=1$ 时，资本完全自由流动。

而后，借鉴雷达和赵勇（2008）和刘金全等（2018）对于中国货币需求函数的构建思路，可以将市场出清时的函数表示为：

$$\ln\left(\frac{M_t}{P_t}\right) = a_0 + a_1 i_t + a_2 \ln\left(\frac{Y_t}{P_t}\right) + a_3 \ln\left(\frac{M_t}{P_t}\right)_{-1} + \varepsilon_t \tag{3.2}$$

其中，M_t 为市场出清时的货币需求和 M_t^d 货币供给 M_t^s，此时 $M_t = M_t^d = M_t^s$。另外，P_t 为价格水平，Y_t 为实际产出。于是，结合以上等式可以求解 i_1，得：

$$i_1 = -\frac{a_0}{a_1} + \frac{1}{a_1}\ln\left(\frac{M_t'}{P_t}\right) - \frac{a_2}{a_1}\ln\left(\frac{Y_t}{P_t}\right) - \frac{a_3}{a_1}\ln\left(\frac{M_t}{P_t}\right)_{-1} + \varepsilon_t \tag{3.3}$$

式中，M'_t 是货币供给量扣除国外资本净流入的部分。结合等式（3.1）、（3.2）和（3.3），可以得到：

$$\ln\left(\frac{M_t}{P_t}\right) = -a_0(1-\lambda) + a_1\lambda i_0 + (1-\lambda)\ln\left(\frac{M'_t}{P_t}\right)$$
$$+ a_2\lambda\ln\left(\frac{Y_t}{P_t}\right) + a_3\lambda\ln\left(\frac{M_t}{P_t}\right)_{-1} + \varepsilon_t \quad (3.4)$$

于是，等式（3.4）可作为估计 λ 的量测方程。而估计 λ 状态方程则可以写为：

$$\lambda_t = \gamma\lambda_{t-1} + \varepsilon_t \quad (3.5)$$

三、数据选取与趋势分析

根据上述等式，可以通过构建的时变参数状态空间模型，估计资本账户开放度 λ，用 FO 来表示。而在估计过程中，我们需要运用的数据展示如下：货币供给量的替代变量为狭义货币供给量 M_1、国际市场利率的替代变量为美国银行间隔夜利率 i_0，实际产出 y 的替代变量则为 GDP。另外，式中计算 M'_t 的相关数据需要通过货币供给量 M_1 减国外资本净流入，而国外资本净流入则包括外商直接投资、证券投资以及其他资本项目。以上数据均来源于中国人民银行网站以及中经网统计数据库，并且数据频率为月度，样本区间选取为 1996 年 1 月至 2014 年 12 月，将求得资本账户开放度 FO 用折线图来表示，如图 3.1 所示。

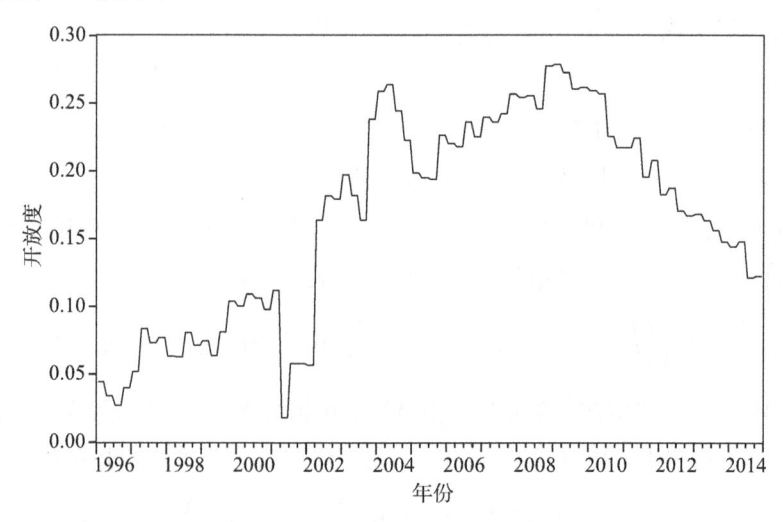

图 3.1 中国资本账户开放度态势图

由图3.1可知，样本期间内中国资本账户开放度呈现为先上升而后下降的波动态势。其中，在上升阶段，2001年前后出现了较为显著的结构性突变，这是因为中国此时加入了WTO，贸易的开放带来了资本账户开放的突然变化。正是基于此，在数据的选取上，采用2001年之后的数据进行后续研究。2004年至2005年，资本账户开放水平存在较强波动，这是因为2005年中国对外汇制度做出了重大调整。之后，中国资本账户开放度稳步上升，但在2009年后，这一指标进入下降通道。这是由于在金融危机之后，由于内外的双重压力，中国被迫采用较为严格的资本管制措施，使得资本账户收紧持续至今，资本账户的开放度逐渐下降。目前，中国实际资本账户开放度处于中等偏下水平。这意味着，资本账户开放度的提升空间仍然较大。

第三节 跨境资本流动管理的国际经验和效果评估

一、部分国家跨境资本流动管理实例

自20世纪90年代开始，许多国家认识到跨境资本流动管理在现实经济中的必要性。但是从布雷顿森林体系建立到目前为止，国际社会对跨境资本流动管理的态度并不是一直支持的，伴随着经济思想的变化，对于资本流动管理的态度也经历了重要转变。在布雷顿森林体系时期，由于内嵌自由主义强调多边框架下的国内干预，许多国家为了恢复本国经济，促进国际收支平衡，完成充分就业目标，保证固定汇率制实施，于是对跨境资本流动采取管制。但是到了20世纪70年代，新自由主义思潮占领高地，发挥市场作用、减少政府干预变为新的原则。于是，发达国家和发展中国家纷纷推行资本账户自由化，IMF也同时将促进资本流动自由化、禁止对国际资本流动施加限制的内容加入组织协定中。然而，随着亚洲金融危机爆发，许多成员国并不愿意放弃自主管理跨境资本流动的权利，因此相关改革没有持续进行。而在2008年金融危机爆发后，IMF对资本流动问题的态度再次倾向于资本管制，原因是：其一，发展中国家的模式在金融危机中取得成功，实施的无论是暂时性的还是永久性的管制，都使得这些国家在危机后实现经济增长，比如中国、巴西等；其二，新古典主义思潮占领上风，市场并不总是对的，需要完善宏观审慎管理框架使政府能够对经济进行调控；其三，多次的危机提醒我们，需要一个管理和监督国际资本流动的全球性框架，防范风险，保持金融稳定。表3.2通过一些实例展示部分国家的具体政策和措施。

表3.2 部分国家跨境资本流动管理实例

地区	国家	时间	目的	措施
亚洲	韩国	2011	控流入	收税——针对外资投资韩国债券的利息收14%预扣税
	马来西亚	1994	控流入	审慎管理——无息存款、银行净负债上限
		1998	控流出	行政管理——非居民购入股票须持股12个月才能汇出
	泰国	1996	控流入	对非居民实施URR
		2006		金融机构兑外币实施30% URR（1年）
		2010		收税——针对外资投资泰国债券的利息收15%预扣税
	印度尼西亚	2011		URR（6个月）从1%提到8%
南美洲	智利	1991—1998	控流入	URR从20%提到30%（1年）
	哥伦比亚	1993—1998	控流入	URR缴存期为18个月
		2007—2008		审慎管理——URR 40%提到50%（6个月）
	巴西	1993—1997		收税——资本流入税
		2008	控流入	收税——资本流入税1.5%提到6%
		2011		审慎管理——超过一定上限的美元负债要向央行缴纳无偿付准备金
欧洲	俄罗斯	2004	控流入	分层的URR
	克罗地亚	2004—2008	控流入	针对外国银行融资实行边际准备金
	冰岛	2008	控流出	强制收回外汇收益，限制金融衍生品交易

注：资料来源于IMF，中国金融四十人论坛。

二、跨境资本流动管理效果评估

比较各国跨境资本流动管理经验，有的国家在应对资本外流时是成功的，有的国家是失败的。接下来，针对一些典型的案例，分析跨境资本流动管理效果。首先，成功的经验往往来源于危机时刻的审慎应对。特别是在面对资本外流压力时，政府的选择往往直接影响最终结果。比如，1998年马来西亚面对资本外逃，政治动荡，外资对马来西亚宏观经济持悲观态度。于是，政府果断采取控制短期资本流动和长期支持外部投资的组合措施，再加上外汇管制，成功稳定了汇率，为降低利率、累积外汇储备、提振经济带来更大的政策空间。回顾马来西亚的经验，成功实施跨境资本流动管理的原因是：其一，得益于政策措施的组合运用。政府主要侧重于短期跨境资本流动管理，重点是防止离岸对冲基金的投机交易以及持有短期证券或债券的投资者集中抛售本国证券或债券，具体措施比如规定非居民出售证券在12个月以后才能将收益转为外币。同时，鼓励FDI进入，对贸易开放和投资开放给出了保证，留住了投资者对本国经济的信心。其二，虽然面对潜在宏观经济风险以及资本外逃，但马来西亚政府有过成功阻止资本过度外流的资本管制经验。因此，当再一次面对这一问题时，外界对于政府的危机处理有一定的信心。另一个成功的经验来自冰岛，2008年的金融危机直接导致冰岛最大银行破产，短期债务成倍于本国GDP。于是，政府果断采取了严格的干预措施，限制金融衍生品交易，禁止跨境资本流动和离岸市场外汇兑换，强制出口企业外汇收益回流。之后，管制政策取得一定效果，成功了遏制资本外逃，汇率恢复稳定。

  与成功经验相比，泰国和乌克兰的资本管制经验是失败的。同样在亚洲金融危机时，由于政府实行泰铢盯住美元的固定汇率制度，加之资本账户过早开放，导致国内积累过度的国际资本，形成资产泡沫。当美元持续升值，泰国出口竞争力下降，贸易逆差扩大，大量资本撤离，资产价格下跌，最终导致房地产市场泡沫破裂，银行的房地产贷款变为不良贷款，金融市场和实体经济均受到严重打击。于是，泰国实行资本流动管理政策，限制卖出证券所得的在岸兑换，限制远期交易。但是，相关政策最终收效寥寥，原因是：其一，与马来西亚充足外汇储备相比，1997年泰国有900亿美元的外债，占本国GDP的一半，并且外汇储备为320亿美元，其中大部分为需在1年内还清的外汇掉期交易。因此，即使限制远期交易，也不足以阻止资本外流。其二，固定汇率、提高利率带来了恶性循环。由于实行固定汇率，加上国内的高利率，企业被迫向外扩大借债规模，最终陷入恶性循环。另一个失败的案例是乌克兰，在2008年金融危机爆发后，大量资本外流、货币贬值，银行存款下降、资本充足率不足，最终陷入债务危机和货币危机。于是，央行采取资本流动管理措施，比如非居民兑换外汇有5天等待时间，暂停征收银行短期外汇借款的存款准备金，禁止提前偿还外汇贷款等。但是，相关政策并没有收到良好效果，其中最主要的原因是政策之间存在矛盾，前后不一致的货币政策导致金融体系脆弱性提高，同时降低了外界对实体经济恢复的信心。

第四节 中国短期跨境资本流动规模测算

在探究短期跨境资本流动的相关问题之前，需要较为准确地测算跨境资本流动规模。但是，由于短期跨境资本具有波动性强、变化幅度大以及流向易变的特征。因此，在具体测算过程中，许多学者运用了不同的口径和方法。接下来，首先梳理跨境资本流动规模测算的文献，总结基本的方法。然后，从不同的口径对中国短期跨境资本流动的规模进行测算，为后续实证研究做铺垫。

一、短期跨境资本流动规模测算的文献述评

一般而言，测算跨境资本流动规模的方法分为三类：直接法、间接法和混合法。首先，直接法的意思是短期跨境资本流动规模是通过国际收支平衡表中几个项目直接相加计算得到的。Cuddington（1986）的研究中短期资本流入为误差与遗漏项与其他部门其他短期资本项目中的其他资产项目流入（私人非银行部门短期资本流入）之和。Kant（1996）在此基础上加入证券投资差额。之后，许多学者直接使用这一公式对中国的短期资本流动进行测算（杨胜刚和刘宗华，2000；修晶和张明，2002），也有学者对公式进行拓展，比如加入转移定价额和贸易信贷额（杨海珍和陈金贤，2000；任慧，2001），加入含在其他投资项、FDI净流入和投资收益下的短期资本（尹宇明

和陶海波，2005）。与前述研究有所区别，张谊浩等（2007）在此基础上增加投资收益和证券投资的贷方余额，而刘莉亚（2008）研究中的短期资本流动＝误差与遗漏项＋超额经常转移＋超额贸易顺差。导致这些细微的差别的原因是：其一，不同学者的研究存在差异，对短期资本流动的定义并不相同；其二，直接法虽然简洁，但是在计算时选择的项目并不都属于短期国际资本。于是，许多学者不再考虑 Cuddington（1986）的公式，而是将作者认为是短期资本流动的项目直接相加（曹媚，2009；唐旭和梁猛，2007）。一般来说，用直接法最终测算结果相对较小，可作为结果中的下限。

其次，间接法的意思是短期资本流动规模是通过外汇储备增量减去国际收支平衡表中几个项目计算得到，又称为余额法。World Bank（1985）认为短期资本流动是外汇储备增量减去经常项目顺差，再减 FDI 净流入和外债增量。在此基础上，Cline（1987）对其中外汇储备增量进行了细化。基于这一公式，许多学者测算了中国短期资本流动（王世华和何帆，2007；Michaelson，2010）。还有一些学者对公式进行调整，比如李靖和吴远远（2017）认为短期资本流动＝外汇占款－贸易差额－FDI 实际利用额，而丁一（2019）则在间接法测算中并未包含外债增量，直接选择外汇储备增量减去 FDI 净流入以及贸易顺差。间接法在实际测算中应用较为广泛，一般地，根据不同的研究需要，学者从两个方面对基础公式进行拓展。一方面，调整外汇储备增量内容，比如张斌（2010）使用外汇资产增加额替代外汇储备增量，张明（2008）在这一项中扣除了海外资产的投资收益以及汇率变动的估值效应，李昕和谭莹（2019）对间接法做了细致分析，根据中国实际情况，调整各子项目的内容。另一方面，调整 FDI 和贸易顺差，比如宋文兵（1999）和严启发（2010）将中国和贸易对手的进出口规模进行对照，发现其中隐含的短期资本流动。与直接法相比，间接法测算的资本流动规模相对较大，可能会高估实际规模，但相对准确。因此，间接法测算结果一般可作为规模测算的上限。

最后，混合法的意思就是将直接法和间接法结合。Dooley（1986）认为短期资本流动＝误差与遗漏项－除 FDI 以外对外债权增量＋产生收益的对外债权额－世界收支表与本国收支表中外债增量之差。运用混合法，部分学者对短期资本流动测算做出了有益尝试，比如曲凤杰（2006）基于直接法、间接法以及测算的隐性短期资本流动结果，提出对三种结果求平均值得到短期资本流动规模，相似的研究有陈瑾玫和徐振玲（2012）以及刘仁伍等（2008）。李扬（1998）则认为短期资本流动＝国际储备资产－资本往来－误差与遗漏项＋库存现金。而王信和林艳红（2005）的测算公式则是短期资本流动＝资本项目盈余＋FDI中短期资本流动＋进出口伪报额＋经常转移的资本流动－FDI净流入。在实际应用中，混合法被认为介于直接法和间接法之间，测算结果一般处于中间，但结果的波动性大。因此，实际测算中较少采用混合法。

二、跨境资本流动实际测算

考虑到后续的研究内容，在本节中选择间接法对中国短期跨境资本流动规模进行测算。因为，短期跨境资本具有在短时间内频繁变动的特点，所以相关数据均为月度数据。测算公式可以表示为：

$$短期资本流动 = 外汇储备增加额 - FDI净流入$$
$$- 进出口差额 - 外债增加额$$
$$- 对外投资收益和融资$$

根据方先明等（2012）的研究，对外投资收益和融资不属于短期资本流动的测算范围，因此需要剔除这一项。另外，由于外债增加额并没有月度数据提供。因此，最终的测算公式为：

$$短期资本流动 = 外汇储备增加额 - FDI净流入 - 进出口差额$$

值得注意的是，短期资本流动规模月度数据明显优于其季度数据（张明和谭小芬，2013），特别是在后续实证分析中，需要运用这一测算数据准确刻画短期内金融变量间的冲击活动。短期资本流动规模的数据用C来表示。样本区间为2003年1月至2019年9月。指标的具体变动趋势见图3.2。

根据图3.2，样本区间内，中国短期跨境资本流动整体趋势大致可分为四个阶段：第一个阶段是2003年至2006年，短期跨境资本小幅流入，规模在460亿美元左右。在此期间内，中国进行了汇率制度改革，开始实行以市场供求为基础、参考一揽子货币进行调节、有管理的浮动汇率制度。但是由于此时刚处于改革初期，资金进出仍然受到较大幅度限制，投机成本偏高，外汇储备处于较低水平。因此，跨境资本流动规模较小。但自此以后，跨境资本流动规模扩张，总体流入大于流出，一直到2012年左右，资金总体流入规模大约为1.2万亿美元。这是因为在此期间内，中国金融市场规模不断膨胀，越来越多的投机资本被吸引进来，加入了投资热潮。同时，人民币汇率弹性增强且处于稳定升值通道中，外汇储备也由此前的不到1万亿美元扩张到3万亿美元。同时，市场逐渐开放，越来越多的资本通过不同渠道进入国内。而后，金融危机到来，资产价格泡沫破裂，金融市场虚假繁荣的本质暴露，加快了投资者避险需求，资本向风险低的资产转移。因此，跨境资本流动的波动明显增强，幅度增宽，波动的上限与下限之间的间隔增大。

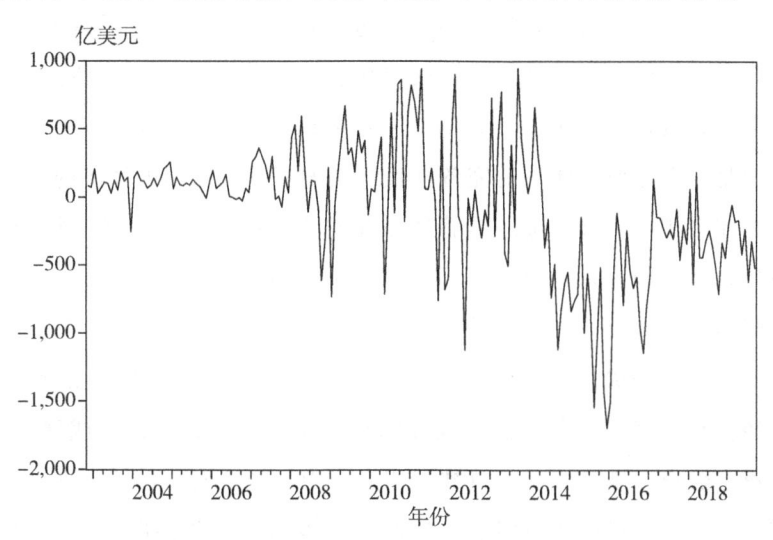

图 3.2 中国短期跨境资本流动规模月度数据变化图

进入2012年，跨境资本出现短时性流出，而到了2013年，跨境资本又出现流出高峰，资本流动方向变动较为频繁。这是由于短期资本会随着金融市场和汇率变化选择有力的投机时点，当金融市场出现较为频繁的波动、汇率出现阶段性升值贬值转换时，短期跨境资本流动也会出现上下波动幅度增强的情况。但是，从2014年开始，短期跨境资本出现显著的逐年大幅流出现象，并且持续时间较长，直到2017年短期资本流出的趋势才逐渐收窄。据统计，到2017年底，资本流出规模大约为1.5万亿美元。出现这一情况的原因是，在同一期间内，2015年8月11日央行再次调整人民币汇率中间价格形成机制，而后人民币汇率出现大幅下跌，外汇储备迅速下降。另外，由于调结构、去杠杆的相关政策，可能导致一批高杠杆的流动资本撤出。目前，短期资本流出规模较小，基本处于平稳状态，没有出现之前资本大量外流的情况。

第五节 本章小结

本章中，归纳总结了一些典型化国家自20世纪90年代以来的资本账户开放经验和跨境资本流动管理经验。通过对比发现，新兴市场国家是在高通胀的背景下实施资本账户开放和金融自由化措施的，但由于这些国家同时实施固定汇率政策，在面对美元升值、本币贬值时，国内陷入债务危机和货币危机。但是，金融监管体系的完备性最终影响了危机对国内经济的冲击结果，越是金融体系相对完整、金融监管体系相对完善的国家，金融危机的影响越小。另外，许多国家都存在激进式的资本账户开放经验，但现实情况证明，这样的资本账户开放方式并不适合我国。

而从中国的经验来看，第一，开放需要选择合适的时机和正确的顺序。在以往经验和研究中，有些尝试被证明是成功的，而有些是不成熟的。特别是中国资本账户"渐进式"开放被证明适合中国经济发展，但在推进过程中，汇率市场化改革则可能相对滞后。这暗示资本账户开放问题的研究中，金融改革的次序问题是需要再讨论的。第二，在应对外部冲击上，中国及时调整资本账户开放的步伐，维护金融稳定和汇率稳定。特别是在2008年金融危机期间和2015年汇率改革以后，通过调整资本账户和资本流动，一定程度上增强了投资者信心，减弱了外部冲击的负面影响。这表明，中国资本账户开放的另一个重要问题是资本账户开放对经济发展的影响。另外，值得注意的是，在开放过程中中国不断通过试点和推广来降低改革风险。比如在证券投资方面，通过前期试行QFII和QDII等制度，然后不断扩大范围的办法，及时纠正不成熟的措施。

而从各国跨境资本流动管理的效果对比来看，成功和失败的本质区别在于是否在面对危机时采取强硬的管控措施。管控越强硬越及时，危机带来的冲击影响会迅速降低。而管控措施不强，冲击影响会使经济陷入恶性循环。另外，外汇储备是各国面对危机时的有效工具。而中国也在不断完善宏观审慎管理，逆周期调节因子和远期售汇保证金制度都具有一定程度的积极作用。因此，这对相关研究的启示是，第一，审慎进行跨境资本流动管理，相关措施应该充分考虑国内金融系统应对跨境资本流动冲击的能力。第二，建立跨境资本流动的风险预警机制，制定动态跨境资本流动指标测算体系，使其能够反映国际资本流动趋势、宏观经济影响。第三，协调配合跨境资本流动管理体系与资本账户开放、宏观审慎管理以及其他宏观调控手段。另外，重视区域性金融合作和国际性金融合作，采取相互配合的货币政策和财政政策，也能够带来有效的跨境资本流动监管。

而从中国实际资本账户开放度以及跨境资本流动规模的测算结果，可以发现：虽然，中国资本账户开放在名义上大部分项目实现基本可兑换和部分可兑换，但从实际指标测算来看，中国的资本账户开放度依旧处于较低水平区间。因此，在开放度上仍然有较大的提升空间。而对跨境资本流动规模的测算结果分析发现，从 2007 年开始，跨境资本流动规模逐渐扩大，到 2015 年资本流出规模达到最大值。但此后，流出规模收窄，目前跨境资本流动处于相对稳定状态，没有出现规模扩张的情况。

第四章　中国资本账户开放、货币政策和汇率选择

如果回顾过去半个世纪全球经济中金融一体化的演变，可以得出这样的结论：资本账户开放是一种不可阻挡的长期趋势，谨慎的政策制定者需要有序地安排资本账户开放政策（Schneider，2002）。在第三章，笔者也对不同国家的资本账户开放经验进行了对比和总结，发现新兴市场国家和发达经济体都日益向资金流动开放边界。但是，学者们也普遍观察到这样的变化：当资金流动的边界开放后，国际资本流动提供的福利收益以及造成损害的范围也都同时扩大了，影响范围甚至包括本国货币政策。因此，国际宏观经济学形成了"三元困境"的理论，即在资本自由流动的情况下，保持本国货币政策独立性仅在浮动汇率制度下才能做到。自20世纪90年代以来，以这一理论为代表的权衡理论被奉如圭臬。但随着国际经济及金融领域变化，各国政策制定者对于资本账户开放的态度不再是"从极到极"，而是重新认识到资本项目自由可兑换以及资本自由流动需要在有管理的条件下进行，特别是在2008年金融危机后，各国已不再普遍采取完全开放的态度。而对于中国来说，需要在世界经济新形势下，重新审视资本账户开放、货币政策与汇率选择的问题，明确发展方向，避免改革"雷区"。因此，探究如何在开放的同时保持本国货币政策独立性以及如何进一步完善汇率制度改革，这一问题至关重要。

本章结构如下：第一节首先简要阐述中国汇率制度的变化以及货币政策调控方式的转变过程，为后续研究做铺垫；第二节梳理文献，介绍"三元困境"与"二元困境"的争论焦点以及资本账户开放次序问题的研究进展，而

后基于 IS-LM 模型进行理论阐释；第三节构建包含资本账户开放、货币政策与汇率变量的 MI-TVP-SV-VAR 模型，选取相关数据进行参数估计；第四节对本章研究的问题进行实证分析，讨论中国资本账户开放的过程中如何保持货币政策独立性、如何对待汇率制度以及分析资本账户开放次序问题；最后为本章小结。

第一节 中国汇率制度变化和货币政策调控方式转变

一、中国汇率制度变化及人民币国际化进程

改革开放以来，中国汇率制度经历了多次重大调整，表现为从严格管制逐渐向市场化演变的特征。在改革开放之初，中国实施官方汇率和贸易内部结算汇率并存的双重汇率制度。为了促进出口，增加外汇收入，出口贸易采用贸易内部结算价，进口贸易采取官方汇价，两种汇率制度相结合。而后，为提高外汇使用效率，通过建立外汇调剂中心，创立外汇调剂市场等，将汇率制度调整为官方汇价与外汇调剂市场汇价并存的双重汇率制度。在此期间，由于引入公开竞价机制，汇率逐渐向调剂市场汇率靠拢，因此官方汇率的份额逐渐降低。自 1994 年开始，中国人民银行宣布对中国外汇体制进行重大调整，主要集中于：官方汇率与外汇调剂市场并轨，建立银行间外汇市场，实行银行结售汇制度，实现经常项目可兑换以及取消任何形式的境内外币计价结算。这些措施减少了汇率双轨制中的一些弊端，进一步通过市场机制确立更加合理的汇率水平。

直到 1997 年，亚洲金融危机爆发，货币当局采取盯住美元的汇率制度，汇率稳定在 1 美元兑 8.27 元人民币附近。图 4.1 展示了 1998 年以来，美元兑人民币即期汇率月度数据的走势，充分说明人民币汇率制度的变化。而后，在 2005 年 7 月 21 日，中国人民银行公布《关于完善人民币汇率形成机制改革的公告》，明确指出中国开始实行以市场供求为基础、参考一揽子货币进行调节、有管理的浮动汇率制度，即 IMF 公告中所称的类爬行盯住汇率制度。

实行这一汇率制度的目标是保持汇率稳定，尽量使人民币汇率贴近中间价。直到2008年之前，人民币汇率一直稳中有升但波动幅度非常小。但在2008年金融危机以后，中国重新采取盯住美元的人民币汇率制度，将美元兑人民币汇率保持在6.8左右。而后在2010年，央行宣布进一步推进汇率制度改革，扩大汇率浮动范围，提升汇率弹性。到2015年，央行宣布调整汇率中间价格形成机制，重新引入中间价管理模式和逆周期调节因子等措施意味着人民币汇率制度灵活性增强。

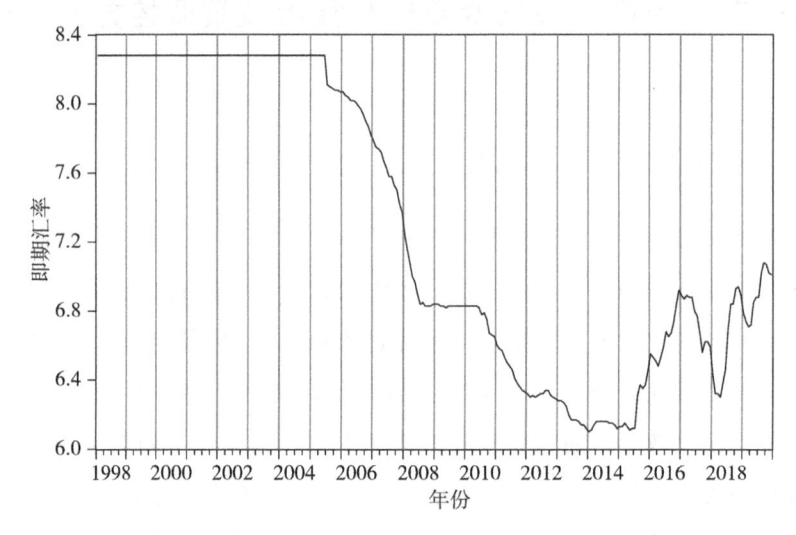

图 4.1　美元兑人民币即期汇率月度数据走势图

伴随着中国汇率制度的变化，人民币国际化进程也在稳步推进。在2009年之前，针对个人用汇领域，央行先后在香港和澳门开放个人人民币业务清算，为人民币国际化进程做了部分铺垫，但对资本项目和贸易投资并没有开放。在2009年经国务院批准，央行正式开始允许人民币跨境贸易结算，适用范围大幅放开。另外，香港人民币离岸中心的快速发展以及与相关国家双边本币互换取得实质进展，人民币作为国际货币的职能实现突破，作为"锚货币"的角色和分量得到加强。2016年10月，IMF正式宣布将人民币成为SDR货币篮子中的第五种货币，人民币国际化进程再次向前迈出了一大步。Eichengreen和Xia（2019）对中国加入SDR动机的分析表明，在中国经济金融改革背景下，这是中国金融开放的倡导者为迫使改革步伐加快而采用的具有重大风险的战略。因此，面对经济全球化浪潮，应该利用好这一进步，将其转化为对实体经济发展的重要推动力。

二、中国货币政策调控方式的转变

中国货币政策调控方式一直跟随中国经济变化而演变。在计划经济时期，中国货币政策调控主要是直接方式，货币和信贷是辅助手段。但随着经济体制由计划经济向市场经济转变，货币政策的调控方式也由直接调控转变为间接调控。自1984年中国人民银行专门履行央行职能以来，中国货币政策调控手段越加丰富。大致上，可以将转变过程划分为4个阶段，对应不同阶段的具体目标，采取不同方式的货币政策。在1993年至1997年期间，为了治理通货膨胀，中国采取适当从紧的货币政策，经过4年的调控，成功实现经济"软着陆"。到1998年，针对亚洲金融危机带来的通货紧缩趋势，中国取消信贷规模管理制度并重启人民币公开市场操作同时刺激内需。为了加快利率市场化进程，央行不断通过调整存贷款利率、法定准备金率等方法加速改革，经济逐渐趋稳向好，复苏步伐更加稳健。在此期间内，货币政策调控工具以数量型货币政策工具为主，价格型货币政策工具为辅。2003年之后，中国经济进入繁荣期，但经济结构的突出问题导致局部投资过热，为保持经济平稳发展，央行及时调整货币政策，通过上调存款准备金率，提高利率，推进汇率制度改革等，使经济稳步上升，达到2007年经济增长的最高点。回顾这三个阶段的货币政策调控方式，主要特点是"相机抉择"，在经济过热时紧缩，在经济衰退时扩张。

但在2008年金融危机以后，中国经济增速明显下降，出现"硬着陆"风险。通过增大货币供应量以及推出"4万亿"刺激计划，在短时间内，经济增速下滑趋势受到遏制，在经历"V"型反转后，经济重新回到增长轨道。此后，中国经济进入"新常态"，注重调整经济结构，因此货币政策调控目标不断细化，政策工具不断丰富和创新——比如抵押补充贷款工具以及常备借贷便利等，货币政策的独立操作空间增加。但是，货币政策的调控目标依然是实现价格稳定，兼顾就业、经济增长、国际收支平衡和金融稳定。

第二节 资本账户开放、货币政策与汇率选择的文献进展

在一个金融一体化的世界里,固定汇率将中心国家的货币政策输出到外围国家。由此得出的结论是,如果存在自由资本流动,就有可能只有在汇率浮动的情况下才有独立的货币政策。在国际宏观经济学和金融学中,这是经典的"三难困境"框架(Krugman,1998)。但是,经历金融危机之后,学者研究发现浮动汇率制度下,货币政策也未必独立(Rey,2015)。因此,争议的焦点是浮动汇率制度的加强是否会带来更加独立的货币政策,在本节中将对理论争议和之后的研究进展进行简单的梳理。

一、"三元困境"与"二元困境"的争论

过去几十年,国际宏观经济学形成了一种叫做"三难困境"或者叫"三元悖论"(Trilemma)的理论,它的意思是在资本自由流动的情况下,独立的货币政策在且仅在汇率浮动的情况下是可行的,理论核心是更加浮动的汇率制度能够增强货币政策独立性。Krugman(1998)的研究表明,汇率选择、货币政策和资本账户开放三个目标中只能实现其中的一个或两个,不能三个一起实现。他认为,"三元悖论"是每个国家宏观经济都要面对的问题。Aizenman等(2008,2010,2011)进一步构建基于"三元悖论"框架的指标,他指出新兴市场国家目前处于政策转变的过渡过程中,正在向"资本有限流动、货币政策相对独立、有管理的浮动汇率制"转变。Aizenman 和 Ito(2014)的进一步研究则表明,在"三难"假设下,政策组合的差异越小,在面对可能的货币危机和债务危机时,产出损失越小。然而,比较中国与其他新兴市场国家的研究则表明,目前,中国金融开放度较低,资本开放受到严格限制。货币当局通过大量外汇储备,以保持汇率刚性和货币政策相当的独立性,中国的"三元悖论"特征与其他国家并不相同(Aizenman 和 Sengupta,2013)。可以说,中国面对资本开放和汇率制度选择的态度是谨慎的,为

了避免金融风险，中国资本项目开放的步伐和汇率制度改革一直保持自己节奏。在对中国"三元悖论"的研究中，易纲和汤弦（2001）进一步拓展和补充了该理论，他们认为并没有哪一种汇率制度适用于所有国家的所有时期，具体的汇率制度选择应该根据具体国家的具体情况。黄志刚和陈晓杰（2010）以人民币汇率波动弹性空间为对象探究中间汇率制的优势，研究表明增强人民币汇率波动弹性是必要的。

然而，国际经济及金融领域不断发生新的变化，最重要的是全球经济金融一体化的程度持续加深。在这一背景下，许多研究者重新对"三元悖论"展开讨论，Rey（2015）给定当前国际金融市场高度一体化的局面，通过在蒙代尔—弗莱明模型中引入全球避险情绪指标，研究表明即便采取浮动汇率，也未必能充分保障货币政策独立性，这一观点被称为"二元悖论"（Dilemma）。同时，他认为全球金融周期是一个重要因素，一是资本流动很大程度上受全球因素驱动，二是全球金融周期可能影响中心国家货币状况，进而带来不确定性增加（Bekaert 等，2012；Miranda-Agrippino 和 Rey，2015；Bruno 和 Shin，2015）。因此，资本账户开放条件下货币政策失效与汇率制度无关。这一研究引发了一系列关于"二元悖论"观点的讨论。Farhi 和 Werning（2013）考虑了具有名义刚性的小型开放经济的标准新凯恩斯模型，并研究了最优资本控制。与蒙代尔的观点一致，发现汇率制度是关键。然而，与蒙代尔的观点相反，他们发现，即使在汇率灵活的情况下，资本管制也是可取的。最优资本控制是逆风而行，有助于理顺资本流动。范小云等（2015）研究表明浮动汇率能够吸收外部冲击，增强货币政策的独立性；但是过度的汇率波动则会通过经常项目渠道和资产负债表渠道影响宏观经济，削弱货币政策的独立性。伍戈和陆简（2016）、刘金全等（2018）分别从全球避险情绪和汇率制度变迁的角度分析资本账户开放对货币政策影响，研究认为避险情绪上升使得风险溢价超过国内货币扩张程度时，货币政策失效。汇率制度变化不会影响资本账户开放对货币政策独立性的影响，"二元悖论"与中国经济的实际运行状况更加吻合。

二、资本账户开放次序的讨论

现有研究重点关注资本项目开放、利率以及汇率市场化顺序的讨论。国外学者最早对于这一问题的探讨，主要集中在拉美和东南亚国家金融改革经验，归纳实体部门、金融部门、资本账户开放的具体次序（McKinnon，1973）。之后，研究的焦点问题逐渐转向探究开放顺序的机理，即"三元悖论"的展开（Krugman，1998）。随着亚洲金融危机和2008年次贷危机爆发，许多研究者对政策组合搭配对危机爆发的影响进行研究（Glick 和 Hutchison，2005；Prasad 和 Rajan，2008）。而在国内的学术探究中，大部分学者认同资本账户应该逐步开放，但针对中国经济具体情况，研究主要围绕金融改革中不同部分的先后顺序进行研究（孙俊和于津平，2014；杨小海等，2017）。一些学者认为，中国的金融改革应该遵循具体的路径，先完成利率和汇率的市场化改革，再进行资本账户开放（余永定和张明，2012；陈元和钱颖一，2015）。对于具体的次序，学者认为应以利率市场化先行，汇率市场化在次，资本账户开放在后（张春生和蒋海，2015；胡小文和章上峰，2015；陈创练等，2017）。另一种说法是汇率市场化在先，利率市场化在次，资本账户开放在后（陈中飞等，2017）。然而，也有部分学者并不认同中国金融改革需要遵循这样"先内后外"的顺序，他们认为虽然资本账户开放需要相对完善的国内金融条件，但不同地区不一定均符合开放条件，因此单纯服从开放"先内后外"的次序，可能导致错过开放时机，他们建议金融改革应循序渐进、协调推进（熊芳和黄宪，2008；盛松成，2012）。

除了理论思辨以外，在实证研究方法上，许多学者采用包含不同金融因素的动态随机一般均衡模型（DSGE）进行研究。黄志刚和郭桂霞（2016）在 DSGE 框架下纳入资本账户开放和利率市场化因素探究两者的先后顺序以及对宏观经济和社会福利的影响，研究表明利率市场化是资本账户开放的前提条件，只有在利率市场化前提下推进资本账户开放才能有助于保持宏观经济稳定。而彭红枫等（2018）则是在 DSGE 框架下纳入资本账户开放和汇率市场化因素，研究表明完全浮动汇率制下配合资本账户开放的经济福利水平优于固定汇率或有管理的浮动汇率制下配合资本账户开放的经济福利水平。但数值模拟的结果也显示，两者需要协同推进，在汇率完全市场化之前，资本管制是非常必要的。胡小文和章上峰（2015）将三个元素全部纳入 DSGE 框架下，研究表明汇率弹性的提升会带来经济波动扩大，并且增强货币政策调控效果，因此建议先完成利率市场化，后完成汇率市场化和资本账户开放。

梳理前述实证研究，作者发现研究的共同特点是即使大部分研究均基于 DSGE 框架，但对具体变量间相互影响的分析依然采用 VAR 模型的脉冲响应分析。这是因为，研究发现金融改革中不同部分先后顺序取决于外在冲击类型，而 VAR 模型对外在冲击的描绘是比较直接的（肖卫国等，2015）。而胡逸闻和戴淑庚（2015）运用 TVP-VAR 模型验证利率、汇率和资本账户开放的相互冲击影响，该研究在 VAR 的基础上纳入时变参数，对变量间冲击的时变特征做了较好的刻画。因此，在时变参数模型的基础上，本章中实证分析部分采用基于 TVP-VAR 模型拓展的 MI-TVP-VAR 模型，该模型的特点是能够良好地刻画货币政策传导的时变特征并且能够运用数据的原始特征进行结构变化的预测。具体模型部分将在本章第三节中展开。

三、基于 IS-LM 模型的理论推演

IS-LM 模型可以很好解释三者的关系。模型的 IS 和 LM 曲线可以表示为：

$$y = -a(e + p - p^*) - b(i - p^*) + hy^* \tag{4.1}$$

$$m - p = \alpha y - \beta i \tag{4.2}$$

其中，y 为实际 GDP，i 是利率，a、b、h 和 α、β 是正的系数，e 和 p 分别是汇率和 GDP 平减指数，p^* 和 y^* 分别是国外的 GDP 平减指数和实际 GDP，m 是货币存量。模型的含义是：实际利率和汇率上升会使实际 GDP 下降，国外收入上升会使实际 GDP 上升；利率上升，实际货币需求下降；收入上升，实际货币需求增加。

而后，在模型中引入前述章节中的资本账户开放度 λ、通胀预期 π^e、汇率升值预期 u^e 以及工资水平 w。因此，实际 GDP 可以表示为：

$$y = -k(w - p) \tag{4.3}$$

式（4.3）意味着总供给和工资水平是反向关系，k 是正的系数。而工资水平 w 与物价水平相关，即 $w = \varphi q$。q 表示 CPI，可以表示为国内外价格水平的加权平均，即 $q = (1 - \lambda)p + \lambda(p^* - e)$。因此，总供给 y 可以改写为：

$$y = k[1 - \varphi(1 - \lambda)]p + \lambda k \varphi(e - p^*) \tag{4.4}$$

根据利率平价理论，利率为国外利率与汇率升值预期的差，即 $i = i^* - u^e$，这

表明浮动汇率能够平抑国外利率变动从而保持货币政策独立性。而购买力平价理论认为汇率升值预期是国外通胀预期与国内通胀预期的差，即 $u^e = \pi^* - \pi^e$。因此，综合以上等式，对货币存量 m 求导可得：

$$\mathrm{d}y/\mathrm{d}m = \frac{(1-\beta u_m^e)ak(1-\varphi)}{a+aak(1-\varphi)+\varphi k\lambda} \geqslant 0, u_m^e \equiv \partial u'e/\partial m < 0 \quad (4.5)$$

$$\mathrm{d}p/\mathrm{d}m = \frac{(1-\beta u_m^e)(k\varphi\lambda+a)}{a+aak(1-\varphi)+\varphi k\lambda} > 0 \quad (4.6)$$

这意味着，当 $\varphi < 1$ 时，货币供应量的增加导致产出增加；当 $\varphi = 1$ 时，货币是中性的。对等式（4.5）中的资本账户开放度 λ 求偏导，可得：$\partial(\mathrm{d}y/\mathrm{d}m)/\partial\lambda < 0$。这表明资本账户开放度增加，货币政策的产出效应减弱。对等式（4.6）资本账户开放度 λ 求偏导，可得：$\partial(\mathrm{d}p/\mathrm{d}m)/\partial\lambda > 0$。这表明资本账户开放度提高，货币政策通胀效应增强。这是因为短期跨境资本具有顺周期特征，当货币政策是扩张型时，利率下降导致资本流出，产出下降；当货币政策是紧缩型时，利差扩大导致资本流入，通胀增强。另外，等式（4.5）和（4.6）均与汇率 e 无关。对理论模型的推导表明，资本账户开放度增加，货币政策的产出效应减弱，通胀效应增强。因此，采取扩张型的货币政策会累积通胀压力且不能使产出增加，资本账户开放会影响货币政策独立性。接下来，本章通过构建实证模型对理论逻辑进行进一步检验。

第三节 MI-TVPSVVAR 模型、数据选取和参数估计结果

一、MI-TVPSVVAR 模型简述

模型最初由一个状态空间模型开始，其中包含一个测量方程：

$$\boldsymbol{y}_t = \boldsymbol{Z}_t \boldsymbol{\alpha}_t + \boldsymbol{\varepsilon}_t \quad (4.7)$$

以及一个状态方程：

$$\boldsymbol{\alpha}_{t+1} = \boldsymbol{\alpha}_t + \boldsymbol{R}_t \boldsymbol{\eta}_t \quad (4.8)$$

其中，y_t 是 $p \times 1$ 阶向量，Z_t 是 $p \times m$ 阶矩阵，所有被解释变量的滞后值以及截距项为 m。VAR 的系数 $\boldsymbol{\alpha}_t$ 是 $m \times 1$ 阶向量。对于 $t = 1, 2, \cdots, T$，$\varepsilon_t \sim N(0, H_t)$，$\eta_t \sim N(0, Q_t)$。对所有 t 和 s，ε_t 与 η_s 相互独立。R_t 是 $m \times 1$ 向量，包含参数结构变化信息，控制结构断点。

上述等式构建的框架是状态空间文献中常见的模型框架，它包含了广泛的常用模型。$R_t = 0_m$，模型为标准常系数 VAR 模型；$R_t = I_m$，模型为 Cogley 和 Sargent（2001）的 TVP-VAR 模型。需要注意，保留等式（4.7）和等式（4.8）给出的状态空间模型框架的一个巨大优势是，在后续研究中可以使用标准的后验模拟方法。特别是，MCMC 算法能够被用来描述状态 $\alpha = (\alpha'_1, \cdots, \alpha'_T)'$。在实证分析中，使用 Durbin 和 Koopman（2002）的方法。此外，对误差扰动项 ε_t 的协方差矩阵 H_t，经验证据表明，由于波动性问题在许多宏观经济问题中都很重要。因此，量测方程中的误差协方差矩阵 H_t 应该被允许随时间变化。A_t 和 Σ_t 的形式：

$$A_t H_t A'_t = \Sigma_t \Sigma'_t$$
$$H_t = A_t^{-1} \Sigma_t \Sigma'_t (A_t^{-1})' \quad (4.9)$$

对于 $j = 1, 2, \cdots, p$，Σ_t 是对角线元素表示为 $\sigma_{j,t}$ 的对角矩阵。下三角矩阵 A_t 可以具体表示为：

$$A_t = \begin{bmatrix} 1 & 0 & \cdots & \cdots & 0 \\ a_{21,t} & 1 & \ddots & & \vdots \\ \vdots & \ddots & \ddots & \ddots & \vdots \\ \vdots & & \ddots & 1 & 0 \\ a_{p1,t} & \cdots & & a_{p(p-1),t} & 1 \end{bmatrix}$$

请注意，A_t 是下三角的假设不是一个识别假设，它只是简化协方差矩阵参数化的一种特殊方法。然而，正如 Primiceri（2005）的观点，这种参数化的选择意味着，在理论上，实证结果可能对变量的排序方式敏感（即由于先验对未知元素的 A_t 依赖于排序）。

如果设 $\gamma_t = A_t^{-1} \Sigma_t$，那么等式（4.7）可以变形为：

$$y_t = Z_t \boldsymbol{\alpha}_t + \gamma_t u_t \quad (4.10)$$

等式（4.10）是 SVAR 模型。$u_t \sim N(0, I_p)$。

A_t 和 Σ_t 决定误差扰动项 ε_t 和协方差矩阵 H_t，A_t 和 Σ_t 的演进机制可以通过设定 $h_t = (h_{1,t}, \cdots, h_{p,t})'$，$h_{i,t} = \ln(\sigma_{i,t})$，$\Sigma_t$ 的对角线元素组成的向量 $\sigma_t = (\sigma_{1,t}, \cdots, \sigma_{p,t})'$。

$$h_{t+1} = h_t + \xi_t \tag{4.11}$$

$\xi_t \sim N(0, W)$ 且与 ε_t 和 η_t 互不相关的。在实证研究中，运用 Kim 等 (1998) 的算法。

A_t 的演进机制可以通过设定 $a_t = (a_{21,t}, a_{31,t}, a_{32,t}, \cdots, a_{p(p-1),t})'$，$a_t$ 是 A_t 非限定元素组成的向量。a_t 的演进机制为：

$$a_{t+1} = a_t + \zeta_t \tag{4.12}$$

这里的 ζ_t 不存在自相关且服从正态分布 $N(0, C)$，另外其与 ε_t，η_t 和 ξ_t 都是不相关的。根据 Primiceri (2005)，假设 C 具有块对角线结构，使得属于每个方程的 C 中的系数彼此独立。对于 MCMC 算法，这意味着可以对原始的测量方程进行转换，这样就可以使用 Durbin 和 Koopman (2002) 算法一次画出一个状态方程。

综合等式 (4.7) 到 (4.12) 并设等式 (4.8) 中的 $R_t = I_m$ 构成了 TVP-SV-VAR 模型。准确地说，Primiceri (2005) 使用了这个模型的一个稍微受限的版本，其中 C 被假设为块对角线，因此稍微减少了要估计的参数数量。Cogley 和 Sargent (2005) 使用了类似的框架，但是其中的参数类似于 A_t 随着时间的推移是常量。Cogley 和 Sargent (2001) 使用了该框架的一个更加受限的变体，该变体没有多变量随机波动（也就是，它是 TVP-VAR，但是 H_t 随时间变化是固定的常量）。对相关文献的讨论是为了说明这类模型正受到宏观经济学家的极大关注。这些是非常灵活的模型，非常适合于评估传导机制及其随时间的演化。但是，它们包含非常多的参数，因此存在数据与它们过度匹配的风险。过度拟合的一个常见表现是，模型的样本内性能较好，但样本外预测性能较差，大多数使用这种模型的论文只给出样本内的结果。基于这些因素，需要将模型拓展为更加灵活但参数化更严格的模型，减少过度拟合的风险。另外，对 TVP 模型的研究表明，系数虽然随时间的变化而变化，但系数的变化幅度受状态方程的限制，状态方程中的误差协方差矩阵估计 a_{t+1} 接近 a_t。因此，当系数逐渐演化为常数时，TVP 模型表现良好，可以将 TVP 模型看作存在较少中断的模型。与之相对应的是有大量文献假设系数的变化少，当发生结构断裂时，系数变化的幅度是不受限制的（Chib，1998；Maheu 和 Gordon，2008；Koop 和 Potter，2007）。

许多文献表明，模型参数的演变是突然的，并不是像之前文献中所描述的渐进变化。因此，对于 TVP-SV-VAR 模型来说，虽然该模型在描绘参数渐进演化的机制方面表现良好，但面对演化机制的突然变化，可能效果并不好（Pastor 和 Stambaugh，2001；Pesaran 等 2006）。于是，结合混合创新模型，Koop 和 Leon-Gonzalez（2009）将时变参数向量自回归模型拓展为带有混合创新模型的版本。混合创新模型多应用于结构断裂的建模（McCulloch 和 Tsay，1993；Gerlach 等，2000；Giordani 和 Kohn，2008）。拓展模型的特点是不预先设定参数的演进方式，通过数据本身，估计参数演化形式，减少模型过度拟合。参数是否发生结构变化由向量 $\boldsymbol{K} = (K_1, K_2, \cdots, K_t)'$ 来控制，$t = 1, 2, \cdots, T$。$\boldsymbol{K}_t = (K_{1t}, K_{2t}, K_{3t})'$，分别控制 VAR 系数 α_t、$\boldsymbol{\Sigma}_t$ 的变化以及 $\boldsymbol{A}_t$ 的变化。因此，设 $R_t = K_{1t}$，状态等式控制着 α_t 的演进机制，等式 (4.8) 可以转化为：

$$\alpha_{t+1} = \alpha_t + K_{1t}\eta_t \tag{4.13}$$

当 $K_{1t} = 0$，VAR 系数保持不变；当 $K_{1t} = 1$，VAR 系数发生结构变化。

进一步将 $\boldsymbol{\Sigma}_t$ 和 $\boldsymbol{A}_t$ 的演进机制扩展为：

$$h_{t+1} = h_t + K_{2t}u_t \tag{4.14}$$

$$a_{t+1} = a_t + K_{3t}\zeta_t \tag{4.15}$$

其中，$K_{2t} = 0$ 或 $K_{3t} = 0$ 表示参数向量可以保持恒定，$K_{2t} = 1$ 或 $K_{3t} = 1$ 表示参数向量可能发生中断。模型的其他设定与 TVP-SV-VAR 模型的设定保持一致，综合以上等式 (4.7) − (4.15)，可以得到 MI-TVP-SV-VAR 模型结构。

对于这一拓展，一些基本模型均嵌套在模型之中。比如对于 $t = 1, \cdots, T$，如果 $K_{1t} = K_{2t} = K_{3t} = 1$，模型变为 Primiceri（2005）的 TVP-VAR 模型；如果 $K_{1t} = K_{2t} = K_{3t} = 0$，模型变为常参数 VAR 模型；如果 $K_{1t} = 1$，$K_{2t} = K_{3t} = 0$，模型变为 Cogley 和 Sargent（2001）的 TVP-VAR 模型；如果 $K_{1t} = K_{2t} = 1$，$K_{3t} = 0$，模型变为 Cogley 和 Sargent（2005）的模型。另外，Koop 和

Potter (2009) 的研究表明如果限制固定次数的结构中断可能导致模型表现较差。而拓展的 MI 模型则允许处理未知数量的变更点。模型也可以变得更加简洁，如果 K_{1t}、K_{2t} 或 K_{3t} 中的任何一个等于 0，那么对应参数向量 $\boldsymbol{\alpha}_t$，$\boldsymbol{h}_{t+1}$ 或 $\boldsymbol{a}_t$ 不变，这样可以减少待估参数的数量，但前提是能准确判断 K_{1t}、K_{2t} 或 K_{3t} 哪一个为 0。在某种意义上来说，对于向模型中添加的新参数，添加这些参数的方式允许对更简洁的模型进行估计。

$j=1, 2, 3$，令 $\boldsymbol{K}_t$ 服从贝奴里分布：

$$p(K_{jt} = 1) = p_j \tag{4.16}$$

其中，对 $j=1, 2, 3$，p_j 是从模型未知参数中估计出来的时刻 t 结构变化可能发生的概率（分别与 $\boldsymbol{\alpha}_t$，$\boldsymbol{\Sigma}_t$ 和 $\boldsymbol{A}_t$ 相对应）。由于 $\boldsymbol{\alpha}_t$，$\boldsymbol{\Sigma}_t$ 和 $\boldsymbol{A}_t$ 的变化互不相关，K_{1t}、K_{2t} 和 K_{3t} 取值互不相关。

二、MCMC 算法及脉冲响应函数

对模型估计需要进行详细说明如下。第一，考虑 VAR 系数 α_t 的估计。为此我们可以将等式（4.7）改写为：

$$y_t = Z_t \alpha_0 + Z_t \alpha_t^* + \varepsilon_t \tag{4.17}$$

VAR 系数 α_t 包括 α_0 和 α_t^*。因此，需要估计 α_0 和 α_t^*。对 α_0 的估计，可以进一步将等式（4.17）的形式改写为：

$$y_t - Z_t \alpha_t^* = Z_t \alpha_0 + \varepsilon_t \tag{4.18}$$

等式（4.18）为正态回归模型，通过平滑仿真算法对 α_0 进行后验抽样。对 α_t^* 的估计可以将等式（4.17）改写为：

$$y_t - Z_t \alpha_0 = Z_t \alpha_t^* + \varepsilon_t \tag{4.19}$$

等式（4.19）式量测方程，结合状态等式（4.13），用平滑仿真算法对状态向量 α_t^* 进行后验抽样（Durbin 和 Koopman，2002）。设定 α_t^* 的初始状态 $\alpha_1^* = 0$。

估计 Q, W, C。假设 $Q^{-1} \sim W(v_Q, Q^{-1})$，则 Q^{-1} 的后验分布的分布形式也是 $W(v_Q, Q^{-1})$。$v_Q = \sum_{t=1}^{T} K_{1t} + v_Q$，$Q^{-1} = \left[Q + \sum_{t=1}^{T}(\alpha_{t+1} - \alpha_t)(\alpha_{t+1} - \alpha_t)'\right]^{-1}$。通过计算 Q^{-1} 的后验分布可得 Q 的后验抽样值。W, C 的过程与 Q 相同。

估计 $h = (h_1', \cdots, h_T')'$。推导等式（4.9）：

$$y_t^* = A_t(y_t - Z_t\alpha_t) \quad (4.20)$$

此处 VAR$(y_t^*) = \Sigma_t \Sigma_t'$ 是一个对角矩阵。当 $j=1, \cdots, p$ 时，令 $y_{j,t}^*$ 是 y_t^* 的第 j 个元素，$y_{j,t}^{**} = \ln[(y_{j,t}^*)^2 + c]$，并且 $y_{j,t}^{**} = (y_{1,t}^{**}, \cdots, y_{p,t}^{**})'$。一般情况下，抵消常数 $c=0.001$。

参考 Σ_t 的设定，状态空间模型的量测方程可以写为：

$$y_t^{**} = 2h_t + e_t \quad (4.21)$$

等式（4.21）结合状态方程（4.11）可以构成正态线性状态空间形式，而后对 e_{jt} 和 h_t 进行抽样（Kim 等，1998；Durbin 和 Koopman，2002）。

估计 α_t，$\hat{y}_t = y_t - Z_t\alpha_t$，可得：

$$A_t\hat{y}_t = \psi_t \quad (4.22)$$

$\psi_t \sim N(0, \Sigma_t\Sigma_t)$。将等式（4.22）改写为：

$$\hat{y}_t = C_t a_t + \psi_t \quad (4.23)$$

$\hat{y}_{i,t}$ 是 $\hat{y}_t$ 的第 i 个元素，在 $p=3$ 前提下，$C_t = [0,0,0; -\hat{y}_{1,t}, 0,0;0, -\hat{y}_{1,t}, -\hat{y}_{2,t}]$。式（4.23）和式（4.15）构成的标准状态空间模型，可以用来估计 α_t（Durbin 和 Koopman，2002）。

估计 K_1，K_2，K_3。先要估计 p_j，因为 $j=1, 2, 3$，K_j 的值与 p_j 有关的。设 p_j 先验服从 $p_j \sim B(\beta_{1j}, \beta_{2j})$，于是，$p_j$ 后验分布服从 $p_j \sim B(\bar{\beta}_{1j}, \bar{\beta}_{2j})$。$\bar{\beta}_{1j} = \beta_{1j} + \sum_{t=1}^{T} K_{jt}$，$\bar{\beta}_{2j} = \beta_{2j} + T - \sum_{t=1}^{T} K_{jt}$。

K 的后验抽样应该使用 Gerlach 等（2000）的算法，即从后验分布 $p(K_t \mid \text{Data}, K_{(-t)})$ 中的 K_t 进行抽样。$K_{(-t)}$ 是 K 中除 K_t 外的所有其他元素。

$$p(K_t \mid \text{Data}, K_{(-t)}) \propto p(y^{t+1,T} \mid y^{1,t}, K) p(y_t \mid y^{1,t-1}, K^{1,t}) p(K_t \mid K_{(-t)}) \quad (4.24)$$

$y^{t+1,T}$ 是 $(y_{t+1}, y_{t+2}, \cdots, y_T)$，$y^{1,t}$ 是 $(y_1, y_2, \cdots, y_t)$，$y^{1,t-1}$ 是 $(y_1, y_2, \cdots, y_{t-1})$，$K^{1,t}$ 是 $(K_1, K_2, \cdots, K_t)$。

模型的脉冲响应函数 VMA 表达式为：

$$y_t = \sum_{i=0}^{\infty} \theta_i u_{t-i} \quad (4.25)$$

由此可见，在各个时期的脉冲响应函数是不一样的。

三、数据选取与参数估计结果

根据上一章中对中国资本账户开放度的估计,本节继续选用这组数据并将数据延续到 2017 年 9 月。另外,根据大多数文献中对货币政策变量以及汇率变量的选择,在本节中,选取货币政策变量为 7d 银行间同业拆借利率的月度均值,用 I 表示。选取汇率变量为人民币兑美元汇率的中间价的月度均值,用 E 表示。样本区间为 2004 年 6 月到 2017 年 9 月,共 161 个样本点。以上数据分别来源于 Wind 数据库以及外汇管理局网站。

表 4.1　ADF 平稳性检验

变量	ADF 统计值	1%临界值	5%临界值	结论
拆借利率 I	−4.345 148	−3.465 585**	−2.876 927*	平稳
资本账户开放	−5.642 226	−3.467 205**	−2.877 636*	平稳
即期汇率 E	−0.697 703	−3.455 387	−2.872 455	非平稳
ΔE	−11.756 41	−3.455 387**	−2.872 455*	平稳

注:表中标注 ** 的数值为 1%显著水平下显著的数值,标注 * 的数值为 5%显著性水平下显著的数值。

之后,将三组平稳变量带入模型中,通过 MI-TVP-SV-VAR 模型进行估计,$y_t = [FO_t, I_t, E_t]^T$。由于模型中 α_t,A_t 和 Σ_t 的演进是由 K_1,K_2,K_3 控制的,估计结果表明 $\Sigma K_1 = 70$,$\Sigma K_2 = 84$,$\Sigma K_3 = 128$。进一步结构变化概率的结果表明,$E(p_1 | \text{data}) = 0.43$,$E(p_2 | \text{data}) = 0.52$,$E(p_3 | \text{data}) = 0.65$。这意味着,在样本期间内,$\alpha_t$、$A_t$ 和 Σ_t 的结构变化次数分别是 70 次、84 次和 128 次,而结构变化的概率说明各参数在各个时点发生结构变化的概率较高。

第四节　基于 MI-TVP-SV-VAR 模型的实证分析

根据研究需要,为进一步探究中国资本账户开放对货币政策以及汇率选择的影响,需要通过 MI-TVP-SV-VAR 模型的脉冲响应函数分析具体的影响机制。在脉冲响应函数的时点选择上，考虑到需要探究样本期间内可能的普适性规律，因此，选择样本期间内每个年份的中间节点 6 月份进行脉冲冲击。脉冲响应图中，横轴为冲击期数，纵轴为冲击强度。

一、中国资本账户开放对货币政策的影响

图 4.2 所示为不同时点冲击下，资本账户开放对货币政策的影响。这些时点基本覆盖样本区间内所有经济事件，比如 2008 年金融危机以及利率市场化和汇率市场化的重要节点。总体来看，资本账户开放对利率的冲击响应在不同时点下的趋势大致重合，差别在于不同时点的冲击强度不同，特别是在 2008 年金融危机前后，如果资本账户开放存在一单位正向冲击，那么利率会在一期后达到最高点，达到响应峰值 0.002 2，而后迅速回落，直到第 10 期才收缩为 0，相比于其他时点，冲击收缩期显然更长。这表明，在金融危机影响下，扩大资本账户开放度并不是明智选择，只有严格采取资本管制措施，

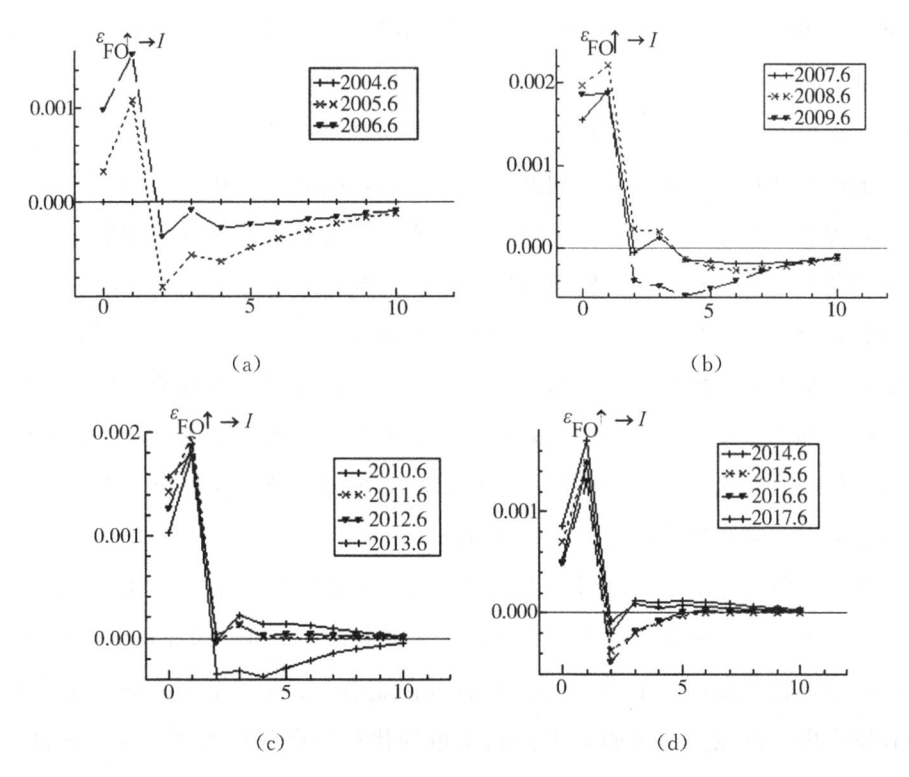

图 4.2 不同时点资本账户开放对货币政策的影响

才能尽最大努力降低外部冲击的消极影响。而从实际情况看,中国在金融危机期间实行了严格资本管制举措,面对国际资本的大幅流动,冲击影响在较短时间内被平抑。而从最近的时点冲击来看,如 2016 年和 2017 年的冲击,能够发现资本账户开放对利率的影响依然没有显著改变。这表明,在 2008 年以后,资本账户开放度并没有显著变化甚至略有下降,这一结论与第三章中测算的实际资本账户开放度非常吻合。目前,中国资本账户开放度水平位于较低区间内,各项目均存在不同程度的管制,资本流动结构没有发生本质变化。因此,资本账户开放度的变化对利率的影响有限。另外一点是,由于利率一直处于市场化进程中,资本账户开放对利率的冲击传导可能是不完全的。这些共同因素导致资本账户开放对货币政策影响出现跨期重合的现象。

从冲击响应的方向来看,大部分时间资本账户开放对利率的冲击是正向的,表现出顺周期性,但除金融危机前后的冲击外,其余时点的冲击的收缩期非常短。这样的冲击表现再一次体现了资本账户开放对货币政策的影响并不充分。虽然,在 2013 年中国大幅放宽利率限制,加速利率市场化改革,但从实证分析的结果可以得出结论,利率市场化的进程仍然需要继续深入,在后续改革中可能需要将更多措施实施在一些更加细节的方面。另外,从冲击响应的收缩来看,在第一期达到冲击峰值之后,响应一般在第二期进入 0 线以下,即在大部分冲击相应时间内,资本账户开放对货币政策的冲击存在微弱的抑制作用。这从另一个侧面表明,不仅是利率市场化的程度影响资本账户开放,资本账户开放度也在一定程度上抑制了货币政策的传导。因此,这一实证结果表明,提升中国资本账户开放度可能是促进货币政策传导效率提升的一个办法。此外,资本账户开放对利率冲击的峰值高于图 4.3 中的对汇率冲击的峰值。这表明,资本账户开放对利率更加敏感,这提示资本账户开放可能需要利率市场化的部分内容进行铺垫。

图 4.3 所示是货币政策对资本账户开放的冲击影响,结合前述分析,同样能够发现,虽然利率对资本账户开放的敏感性增加,但冲击传导的持续期短,收缩期长。随着 2013 年利率放松浮动限制后,利率对资本账户开放的影响较以往更加强烈。这表明,中国利率市场化进程已经取得了一定的成果,现阶段需要进一步推进利率市场化改革。

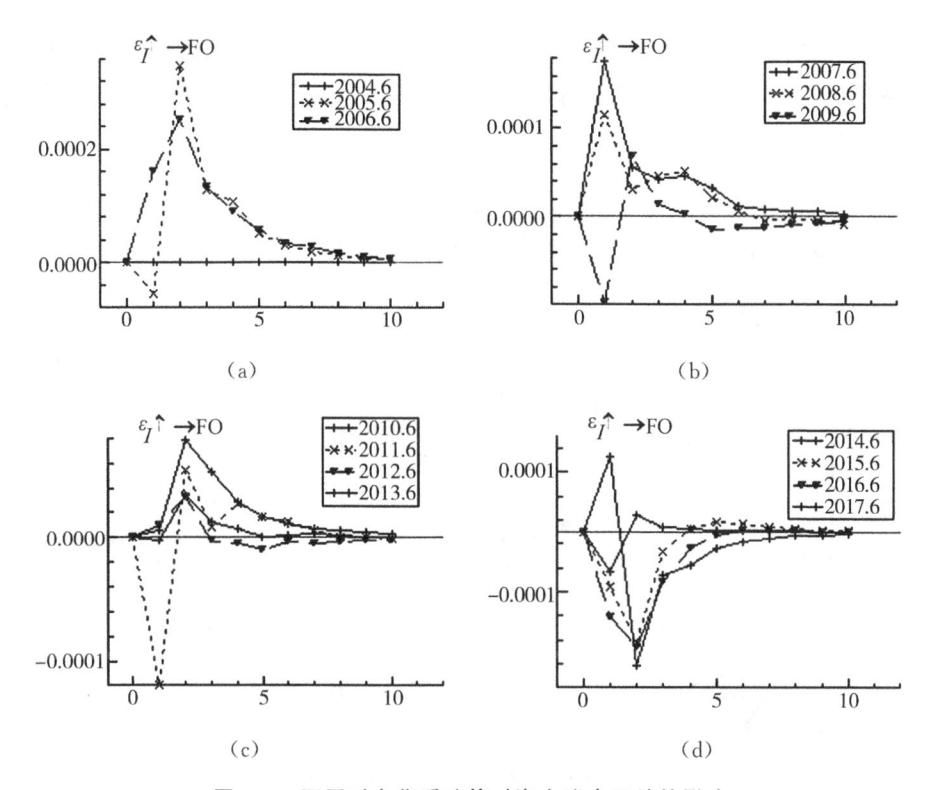

图 4.3　不同时点货币政策对资本账户开放的影响

二、中国资本账户开放对汇率的影响

图 4.4 所示为中国资本账户开放对汇率的冲击影响，时点选取仍然沿用上一节，覆盖的重要时点包括 2005 年中国调整人民币汇率制度，由盯住制转变为有管理的浮动制，提升人民币灵活度。还有 2012 年以后，汇率波动区间逐渐扩大，汇率弹性不断提升，人民币进入上升通道。在 2015 年年中，央行再次调整人民币汇率中间价格形成机制，使汇率出现短时波动和一定程度的贬值。以上这些时点，下面将具体分析。

总体来看，资本账户开放对汇率的冲击响应在样本区间内一直处于 0 线上方。这表明，资本账户开放的一单位正向冲击会使汇率上升。这一结论符合理论模型中的分析。从冲击曲线的变化来看，在 2008 年以前的冲击中，响应在第三期达到峰值，而后进入下降通道，而 2008 年以后的冲击，响应在第一期即达到峰值，然后下降。这表明，在 2008 年金融危机以前，由于经济情况总体向好，资本管制措施相对放松，冲击影响的持续期也相对延长。而在金融危机之后，由于资本账户管制迅速收紧，冲击影响也快速收缩。曲线的总体走势在第三期以后近似于凹函数，这表明冲击影响的收缩过程是平滑向下的过程。这意味着，资本账户开放对汇率的影响更持久。这侧面反映了汇率市场化进程相对利率市场化进程可能存在一定程度的滞后。

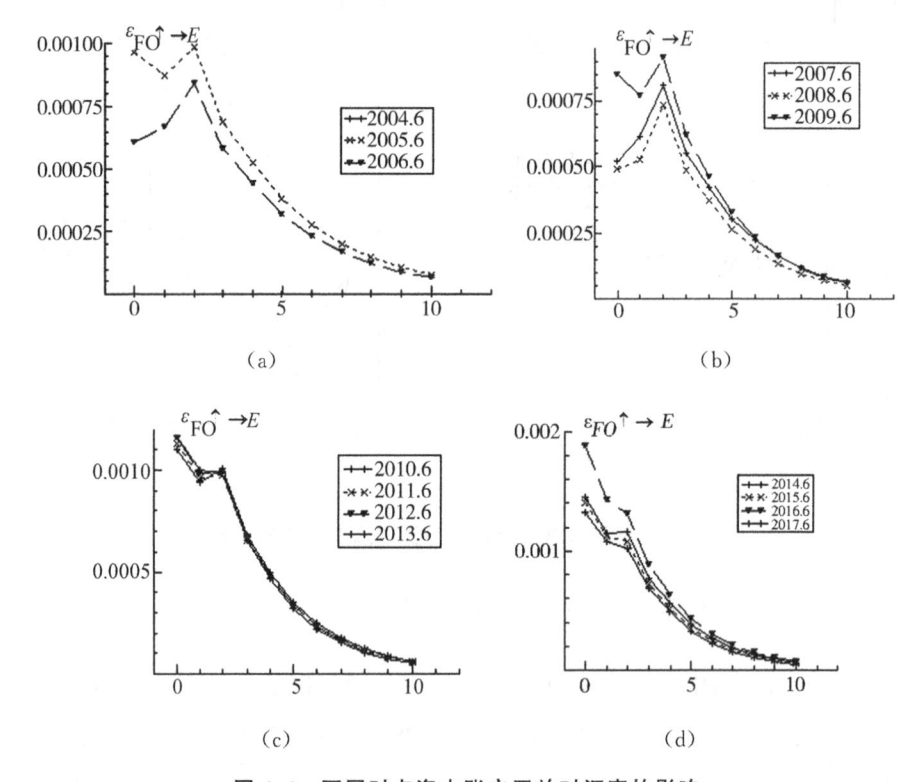

图 4.4　不同时点资本账户开放对汇率的影响

在资本账户开放对汇率影响的各时点上，可以发现，冲击影响的强度逐渐提升，越接近样本区间末期，冲击越强。特别是在 2008 年金融危机以后，冲击强度不断提升。这说明，随着汇率市场化改革不断深入，货币的对外价格与市场均衡价格的差异逐渐减小。在 2015 年，由于中国调整人民币汇率中间价格形成机制，人民币汇率在之后出现一段时间的贬值过程。但从本节的实证研究结果来看，2015 年后，资本账户开放对汇率的影响虽然在减弱，但并没有出现方向变化以及较大幅度的冲击落差。这表明，从本质来说，人民币依然是国际货币中非常具有竞争力的货币，人民币的长期趋势依然是稳中向好的。

图 4.5 所示是汇率对资本账户开放的冲击影响,通过对比可以发现,一单位的汇率的正向冲击会扩大资本账户开放度。与两者之间相反方向冲击所不同的是,2009 年以前冲击响应会在前两期达到峰值,在第 2 期冲击逐渐平滑下降,而 2009 年后冲击响应在第 1 期即达到峰值,而后平滑下降。这说明,随着时间的推移,冲击的平缓过程向前移动,价格调整的能力变强了,这再一次侧面证明汇率市场化改革已经有初步的成效。

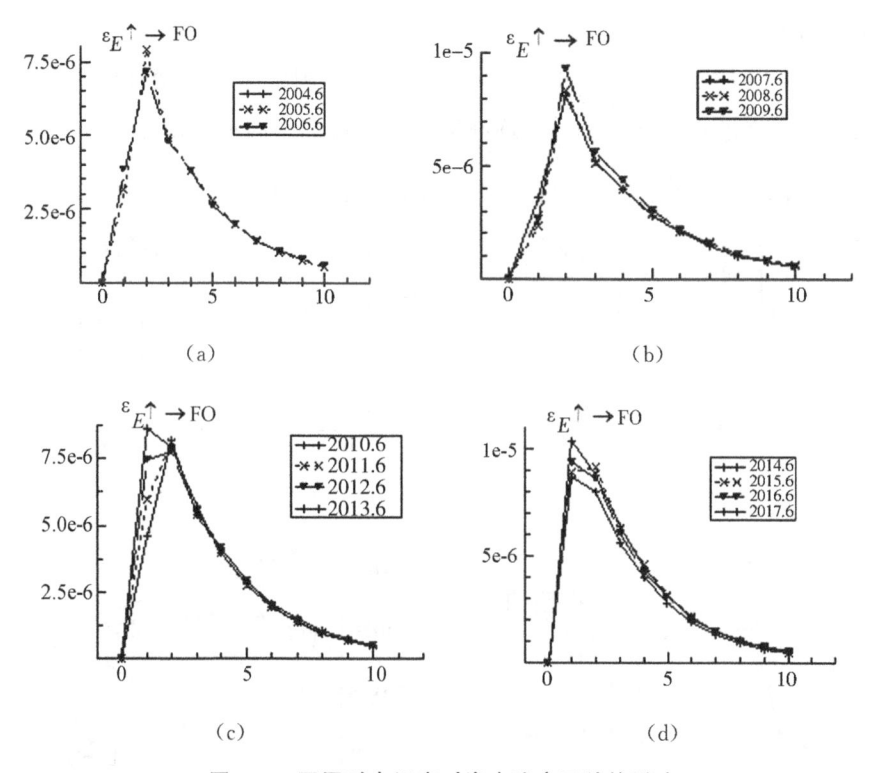

图 4.5 不同时点汇率对资本账户开放的影响

三、货币政策与汇率选择的联动效应

图 4.6 和 4.7 所示是货币政策与汇率选择的联动效应,在本章的框架下,探究货币政策与汇率选择的互动关系,意在表明许多学者探讨的金融改革中的顺序问题。总体来看,两者之间的相互影响差异较大,体现在除个别时点冲击外,大部分汇率对利率的冲击影响是负向的,而利率对汇率的冲击影响是正向

的。这表明，在利率市场化与汇率市场化中间存在一个先后顺序的问题，即先进行利率市场化改革，后进行汇率市场化改革。但个别时点冲击影响也表明，两者之间可能并不存在严格意义上的先后，即随着时间推移，利率市场化与汇率市场化进程在时间上是可以存在交叉部分的。这意味着，完全意义上的先进行利率市场化改革后进行汇率市场化改革的方案并不可行，但两者协同推进，其中利率市场化改革大部分优先于汇率市场化改革的方案在现实中是可行的。从各时点的冲击影响来看，在 2010 年以前，汇率的一单位正向冲击对利率的影响一直是负向的。但在 2010 年以后，除 2015 年和 2016 年的冲击以外，其他时点冲击是正向的。这体现了中国汇率制度变迁的过程，汇率波动区间逐渐扩大和汇率弹性逐渐增强，使得汇率向利率传导的能力提升。

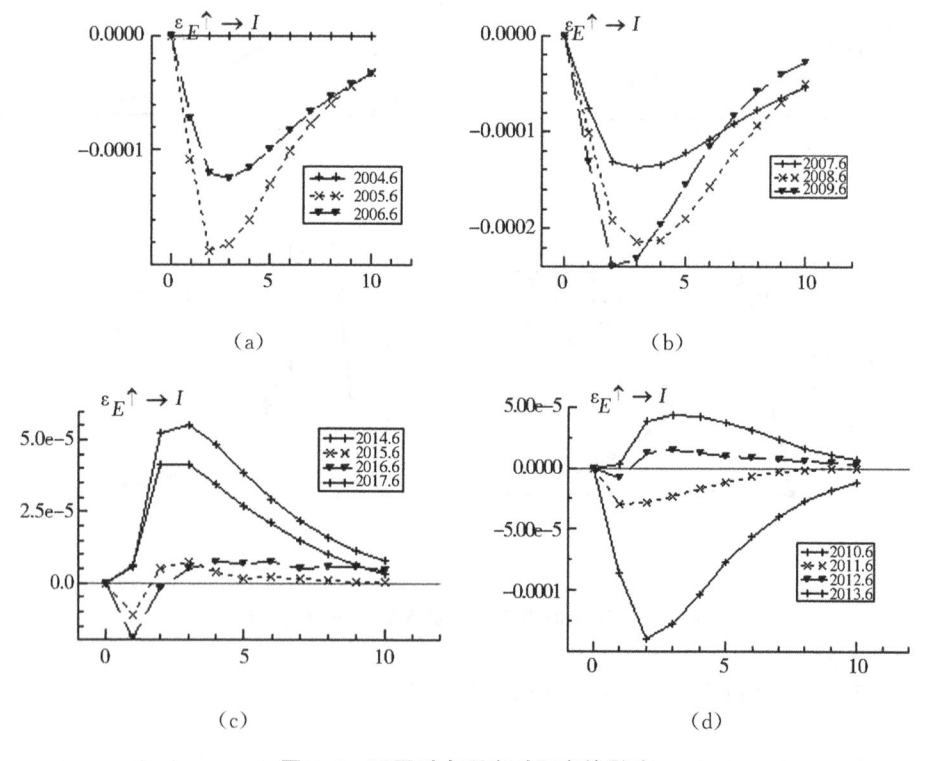

图 4.6 不同时点利率对汇率的影响

图 4.7 为不同时点汇率对利率的冲击影响。单位利率的正向冲击对汇率的影响在样本期间内表现为正负关系的不断变化，最初的三个时点冲击，汇率对利率的影响是正向的，而在 2007 年到 2009 年的三个时点冲击影响变为

负向。而后，2010 年到 2017 年的冲击影响方向交替变化。这表明，利率对汇率的传导并不稳定。这一结论，再一次说明了利率的重要性，利率市场化的顺序应该在汇率市场化之前。只有利率市场化改革的内容能够大部分完成，才能进一步推进汇率市场化改革进入深水区，使得两者更加协调，不会出现对内贬值、对外升值的货币价值分化现象。

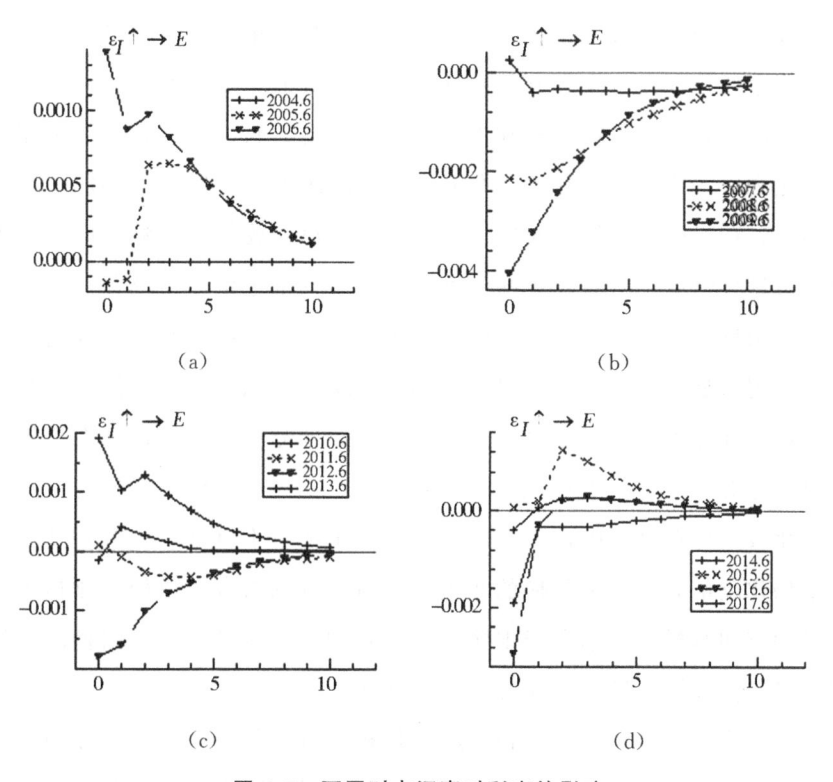

图 4.7 不同时点汇率对利率的影响

第五节 本章小结

本章中对中国资本账户、货币政策以及汇率选择的问题进行了深入探究，从传统"三元困境"和"二元困境"的争议入手，首先梳理了争论中的核心问题，然后对近期热烈讨论的资本账户开放次序问题也进行了整理和总结。通过构建包含混合创新结构的时变参数向量自回归模型，进行参数估计和脉冲响应分析。估计结果表明，模型中变量的结构性变化概率较高。因此，中国资本账户开放对货币政策和汇率选择的影响突然性变化的情况更多，渐进性变化相对较少。

从模型的脉冲响应分析，可以得出结论：利率市场化改革应该先于汇率市场化改革和资本账户开放，但是这并不意味着各部分金融改革之间存在明显时间界限，即汇率市场化不必等到利率市场化改革完成后再展开，而是可以与利率市场化存在交叉部分。同样资本账户开放也是如此，虽然位置处于最后，但部分政策可以在利率和汇率改革中统筹进行。因此，在逐渐完成利率市场化之后，应当逐渐开放资本项目，这也有利于推进汇率市场化改革。

因此，在保证经济稳定的情况下，资本账户开放的合理顺序应该是先进行利率市场化改革，然后开放部分资本账户以及推进汇率市场化改革，最终实现资本项目完全开放。目前，中国处于过渡阶段。结合本章研究内容，这样安排的逻辑是，在利率市场化基本完成以后，货币价值不断接近均衡值，金融市场资源配置功能逐渐完备。此时，开放部分资本市场、证券市场等资本项目，能够扩充金融市场规模，增强分散金融风险的能力。同时，由于汇率市场化改革仍在进行中，资本账户货币项子项目不宜开放，等到基本完成汇率市场化改革后，货币兑换的相关项目可以逐渐放开，放松干预措施，通过市场调节和监控对汇率和资本账户进行管理。应该说，这一路径能够较好地保持经济健康持续发展以及宏观经济稳定。

更深一层的含义是，改革和开放不是相互对立的关系，而是互相依存的关系，中国经济建设中，两者缺一不可，而割裂中国市场与国际市场的联系也不可能。因此，中国应该坚持改革和开放，在注重两者平衡的同时，一是要把握资本账户可兑换进程的节奏，在时间上和路线上保持灵活性，动态评估改革和开放利弊，在风险和成本可控的情况下，也可以积极试点，总结成功经验和失败教训。二是必须要继续推进利率市场化改革和汇率市场化改革，资本账户开放与这两项改革的关系非常密切。试想如果在资本项目完全开放的情况下，利率和汇率体制不完全，那么套利和套汇机会就会增加，资本流动的易变性会提升，开放政策就会带来不利影响。因此，由于存在"不可能三角"，资本账户开放和汇率制度选择需要谨慎，因为如果资本项目存在管制，则货币市场中的供求关系和市场价格的形成就是不完全的，实现浮动汇率制的改革就会存在局限性。而没有市场化体制的汇率制度，也会使开放政策产生不确定性。所以，现阶段，中国应该继续保持有管理的浮动汇率政策，逐步开放资本账户，协同推进金融改革的各项内容，最终实现资本账户自由化和人民币自由可兑换的目标。

第五章　中国资本账户开放的增长效应分析

在对资本账户开放、货币政策和汇率选择的研究以后，笔者回答了中国资本账户开放的次序问题。在本章中，将对另一个重要问题进行研究，即中国资本账户开放对经济增长的影响如何。当前中国经济进入新常态，经济增长放缓，另据 IMF 估计 2020 年中国 GDP 增长率预计为 6.0%。因此，基于"稳增长，调结构"的现实需求，央行可能希望通过资本账户开放手段，促进经济结构改善，进而达到提振经济的作用。但资本账户开放一直都存在双向效应，它既能带来更充足的资本，降低融资成本，分散投资风险。同时又能带来投机性冲击，引起金融波动和经济非稳定性。比如从 20 世纪 80 年代开始，许多新兴市场经济体不断开放本国资本账户，但由此而来的并不是持续的繁荣，而是金融危机——70 年代末 80 年代初的南锥体国家金融危机和 1997 年东南亚国家的金融动荡。特别是在 2008 年金融危机以后，各国对资本账户开放的态度更加审慎。而对于中国政策实践来说，下一阶段如何施策才能发挥资本账户开放的正向效应，使经济保持稳定持续的增长，需要研究者进行深入研究。特别是随着金融开放战略的推进，对于中国资本账户开放的作用机制是否发生变化以及资本账户开放如何影响经济增长等问题需要深入探讨。因此，探究中国资本账户开放增长效应对于现阶段中国资本账户开放政策的制定以及如何有效利用国际资本的正向作用具有重要意义。

本章结构如下所述：第一节首先介绍资本账户开放增长效应的相关研究进展；第二节通过理论模型分析资本账户开放对经济增长的影响；第三节引入包含潜在门限的时变参数向量自回归模型（LT-TVP-VAR），并选取相关数据，进行参数估计和潜在门限效应检验；第四节通过模型的脉冲响应函数，实证分析中国资本账户开放的增长效应。最后为本章小结。

第一节 资本账户开放增长效应的研究进展

经典的宏观经济学理论认为，一国对外开放资本账户可能为经济带来许多好处，比如它有利于资源在全球范围内进行配置，改善市场扭曲；有助于打破金融抑制环境，提高企业投资收益率，规避本国系统性风险；有助于增强国内金融市场竞争，促进金融深化，增强资本流动性（Prasad 等，2005）。但是自 2008 年金融危机爆发以来，新兴市场国家受到大量短期资本冲击，于是许多研究者质疑资本账户开放与经济增长之间是否具有正向关系。而对于中国的资本账户开放政策实践，自 2012 年人民银行调查统计司研究报告发布后，许多学者对是否应该加快资本账户开放进行了学术讨论。因此，需要对资本账户开放增长效应的研究进展进行简单梳理。

一、资本账户开放与经济增长关系研究

目前，许多研究对这一问题既有共识也存在分歧。共识在于资本账户开放与经济增长呈现非线性关系，分歧在于资本账户开放是否能够给经济增长带来显著影响，这一部分的研究至今没有形成统一的结论。一部分研究对资本账户开放影响经济增长给出了正面评价，他们认为一国资本账户开放度的提高将促进经济增长。不同之处在于，发达国家、新兴市场国家以及发展中国家的具体表现中，这一正向影响是否显著。Klein 和 Olivei（2008）的研究表明，在发达国家推动下，开放资本账户的国家能够显著加深金融深化程度，并且加快经济增长。因此，他们认为资本账户开放对一国金融深化和经济增长具有统计意义。Quinn 和 Toyoda（2008）持有相同的观点，他们采用广义矩估计（GMM）替代最小二乘估计（OLS）来检验资本账户自由化是否导致了更高的经济增长，研究结果表明资本账户自由化对发达国家和新兴市场国家的增长都有积极的影响，而股市自由化对经济增长具有独立影响。而 Edison 等（2004）的研究则在模型中纳入制度变量，探究资本账户开放及股票市场自由化对经济增长的影响，他们认为在有良好制度的前提下，资本账户

开放对经济增长的影响没有股票市场自由化对经济增长的影响那么强。在此基础上，Sedik 和 Sun（2012）分析了新兴市场经济体的资本账户开放经验，结果表明，在不同门限值设定下，资本账户开放政策的效果不同，资本账户开放与经济增长相关，也与总资本流动和股本回报率相关，与较低的通胀率和银行资本充足率相关。另一部分研究则认为资本账户开放对经济增长的影响并不显著，甚至是负向的。Mileva（2008）对新兴市场经济体 20 世纪 90 年代的资本账户开放经验研究认为，资本账户开放并未对转型期经济的经济增长有显著影响。

而对于中国资本账户开放的研究中，针对资本账户开放与经济增长的非线性关系，学者做出了大量分析。曹凤岐和林敏仪（2004）在对比中国实现资本项目可兑换的利弊时发现，在中国加入 WTO 以后，逐步放松资本和金融项目管制，加快资本项目可兑换进程是必然的，并且开放带来的收益更大。张屹山和张鹏（2010）以 2001 年为分界线，将 1993 年 1 季度到 2008 年 4 季度间的数据划分为两个子区间，采用 VAR 模型分析资本账户开放度提高前后，资本流动对宏观经济指标影响的异同。研究表明，随着开放度的增加，资本流入会引起宏观经济变量的剧烈波动，为经济发展带来不稳定因素。郭桂霞和彭艳（2016）模仿 Edison 等（2004）从制度角度入手探究开放水平、汇率波动与制度变化的门限效应，进一步证实资本账户开放与经济增长的关系是非线性的。陈镜宇（2017）则运用 1980 年到 2013 年间 181 个国家和地区的面板数据，采用有限信息最大似然法研究，研究发现资本账户开放度增幅正向显著解释了经济增长率，并且新兴市场国家经济增长幅度更大。孙俊和于津平（2014）基于 DSGE 理论框架进行分析，他们认为资本账户开放引起经济增长的因素是外商直接投资水平和证券开放程度。进一步研究发现，放松证券开放管制能够带来经济增长和福利效应，而完全取消直接投资管制则反而会产生低经济增长、高经济波动的情况。Luo 和 Jiang（2005）认为产权制度是制约资本账户开放作用的主要障碍，因为现行产权制度会导致价格扭曲、道德风险和货币过剩。

在另一些研究中，研究者则认为资本账户开放度的提高对于经济增长无显著影响甚至是负面影响，一国资本账户开放需要在一定的条件下才能发挥作用。Kaminsky 和 Reinhart（1999）的探究认为，一国资本账户开放并没有更多益处，它会使经济波动更加剧烈甚至最终导致金融危机出现。在分析银行业与货币危机之间的联系后发现，银行业的问题通常出现在货币危机之前，货币危机加剧了银行业危机，引发恶性循环；金融自由化往往先于银行业危机。对这些事件的剖析表明，危机是在经济进入衰退时发生的。此前，信贷、资本流入推动了经济活动的长期繁荣，并伴随着货币估值过高。同样的，Eichengreen 等（2011）的研究表明，资本账户开放对经济增长的促进作用仅限于金融体系相对发达、会计制度良好以及拥有强大债权和法治的国家。只有当国家的体制和经济发展达到一定程度时，才能期望从资本账户开放中获取收益（Kitano，2011；Ding 和 Jinjarak，2012）。对亚洲国家的研究结果同样如此。Ito（2006）认为亚洲国家资本账户开放对经济增长的促进作用发生在法治达到一定程度以后。只有在法治程度高的国家，资本账户开放才能刺激投资市场发展，进而带动经济增长。另外，Gourinchas 和 Jeanne（2006）以及 Grilli 和 Milesi-Ferretti（1995）则否定资本账户开放的经济增长效应，认为资本账户开放对经济增长无显著影响。特别是对于贫穷国家来说，资本整合的收益很小（Darreau 和 Pigalle，2016）。Carkovic 和 Levine（2002）基于动态面板模型采用 GMM 估计 FDI 外源性成分并没有发现对增长发挥稳健独立的影响。

二、金融发展与经济增长关系研究

金融发展程度是资本账户开放影响经济增长的重要变量。因此，在探究过程中，许多学者对金融发展与经济增长的关系进行了大量的实证分析。理论上，多数学者认可 King 和 Levine（1993）、Levine（1996，1999，2004）对金融发展影响经济增长的解释。他们认为，在不同的金融发展水平下，金融发展对经济增长的影响可能不同。如果金融发展水平较低，则金融发展对经济增长的促进作用不显著，甚至可能破坏经济增长的稳定性；如果金融发展水平超过一个门限值，那么它对经济增长的贡献就会增强，但影响机理可能产生结构性变化。另一个较为经典的研究是 Aghion 等（2004），该研究表明随着金融发展水平的提高，一国经济增长率收敛到经济增长率前沿的概率增大。这就意味着,当一国金融发展水平达到一定的门槛值时,经济增长收敛,金融发展会促进经济增长;当一国金融发展水平未达到门槛值时,经济增长将不会收敛到经济增长率前沿,这印证了两者之间存在门限效应。这一解释随后在 Rioja 和 Valev（2004）中得到了证实,它们选用不同的分位数作为金融发展水平的高低分界点,使用广义矩方法对 74 个国家 1966 年至 1995 年间的面板数据进行回归,研究表明金融发展水平不同,对经济增长的作用也不同。

而在相关的实证研究中,现有文献就两者间作用机制运用不同模型进行了大量的具体测算和检验,如一些研究运用经典的最小二乘回归（OLS）、广义矩估计（GMM）、向量自回归模型（VAR）和向量误差修正模型（VECM）等方法进行实证检验（Levine, 1998; McCaig 和 Stengos, 2005; Xu, 2000; Rousseau 和 Vuthipadadorn, 2005）。但在最近的研究中,许多研究者发现,由于两者间门限效应显著,运用门限模型及其拓展模型来深入探究这一问题具有较好的稳健性。赵振全和薛丰慧（2004）以及赵振全等（2007）先后对中国金融发展与经济增长之间的关系进行实证检验,研究表明两者存在显著的非线性关联。而后,黄智淋和董志勇（2013）则通过包含 31 个省市 1979 年至 2008 年数据的动态面板门限模型探究这一问题,将门限变量设定为通货膨胀水平,研究表明金融发展仅在低通货膨胀水平下有利于促进经济增长。杨友才（2014）的面板门限模型探究证明,当金融发展水平是门限变量时,随着门限值的变化,中国金融发展对经济增长的影响存在差异,表现为门限效应和边际效率递减的非线性特征。刘金全等（2014）的门限模型则是将收入增长率作为门限变量,他们认为收入增长率高于设定的门限值,金融发展对经济增长影响显著为正,低于设定的门限值,影响不显著。因此,应当将收入增长率保持在较高的水平上。

三、资本账户开放与金融发展关系研究

资本账户开放增长效应的另一层关系是资本账户开放对金融发展的影响,特别是在 2008 年金融危机以后,越来越多的研究将焦点集中于资本账户自由化与金融发展关系的讨论中。放开一国的资本账户是否能够促进其本国金融

发展，或者说开放程度的变化对一国金融发展与经济发展的影响是否存在一定先决条件呢？许多学者做了大量研究。受到广泛引用的是 Klein 和 Olivei（2008）的研究，研究表明开放资本账户对不同国家的金融深度和经济增长具有统计意义和经济相关的影响。开放资本账户的国家在金融深度上有了显著的提高，并且经济增长也显著加快。然而，这些结果在很大程度上是由样本中包括的发达国家推动的，资本账户自由化未能促进发展中国家间的金融发展。这一研究充分证明，发展中国家区别于发达国家，资本账户自由化影响金融发展需要先决条件，想要从跨境资本流动中获利，必须具备完善的金融体系以及良好的制度环境。

一些近期的研究更加证明了这一点，Trabelsi 和 Cherif（2017）采用横截面广义矩法（GMM）动态面板估计对发达国家和发展中国家在 1980—2009 年间放开跨境金融交易对金融业发展的影响进行了实证研究。他们认为，在发展中国家，除非具备一套先决条件，否则金融一体化不会导致更高的金融发展；要使中等收入国家的资本项目自由化取得成功，必须以发展体制环境和私营部门作为先决条件。另外，放开资本账户对经济增长的影响取决于同样的先决条件。Elkhuizen 等（2018）的观点与 Trabelsi 和 Cherif（2017）的研究不谋而合，他们认为金融自由化政策与金融发展之间的关系是有争议的，政策的影响因国家而异。通过对 1982 年至 2008 年期间 82 个国家的面板数据的分析，研究表明体制环境薄弱的国家一般无法从金融自由化中获益。

总结以往文献，探究中国资本账户开放的增长效应意味着需要同时考虑中国的金融发展程度和经济增长。因此，需要通过构建模型将三者纳入统一框架。另外，基于三变量可能存在的门限效应和时变特征，需要考虑将模型中的门限因素内生化。因此，本章中引入潜在门限时变参数向量自回归模型（LT-TVP-VAR）处理资本账户开放、金融发展与经济增长三者之间的非线性关系。这一模型的特点是在保留具体时变参数向量自回归模型（TVP-VAR）的时变特征的基础上加入 West 和 Harrison（1997）的潜在门限模型，使得模型稳定性提高，削弱模型过度拟合问题（刘金全和解瑶姝，2016）。模型将在本章第三节做简单介绍。

第二节 资本账户开放增长效应的理论分析

本节中,通过 Aghion 等(2004)构建的模型探究资本账户开放的增长效应。假定经济模型中存在可贸易商品、国际资本流动和国家特定因素。公司面临信贷约束,可借贷数量仅限于当前投资水平的 μ 倍,金融发展程度越低约束越紧。于是,将资本账户开放对经济增长的影响分为两个部分,一个是直接投资(FDI)开放的影响,一个是非直接投资(FPOI)开放的影响。

一、直接投资开放的影响

对于直接投资的定义是:持股比例超过 10% 的投资(Razin 等,1998),同时假定直接投资以固定收益率流入且在大于国际金融市场利率 $r+\delta$ 时具有完全弹性。这意味着,当固定收益率大于国际金融市场利率时,直接投资能够完全替代国内投资。当固定收益率小于国际金融市场利率,没有直接投资流入。因此,大多数情况下,当直接投资存在管制时,直接投资流入会影响经济增长。

假定 L 表示借贷数量,对于有总初始财富 W^B 的企业有 $I=W^B+L$ 的资金。当信贷约束是绑定的,$I=(1+\mu)W^B$。企业会选择国家特定因素 z 的水平,对应于投资 $K=I-p\times z$,来最大化当前利润。给出以下里昂惕夫模型,最优包括 $z=K/a$,所以:

$$I-p\times z=a\times z$$

当绑定信贷约束且国家特定因素价格 p,$p>0$。$I-p\times z=a\times z$ 很小,所以 $L=\mu W^B$,但 $K/a \geqslant Z$。因此,对固定因素有过度需求。

FDI 流动的均衡条件为:

$$(r+\delta)(W^B+\text{FDI})=Z-\mu\sigma(W^B+\text{FDI})$$

其中,σ 是国内均衡利率,收益率是 R,$R=r+\delta$,W_L 表示国内贷款人的财富总和,足够大,Z 是国家特定因素,W^B 是国家初始财富。$R>r+\delta$ 时,p

$=0$，$R=r+\delta$ 时，$p>0$，产出是由国家特定因素输入的供给决定的：$y_t=Z$。

因此，国家特定因素价格 p 为：

$$p = (1+\mu)/(r+\delta+\mu\sigma) - a \tag{5.1}$$

此时，国家特定因素价格为实际汇率。因此，FDI 流入会使实际汇率上升，但不会导致经济增长发生长期波动。如果假设 CES 经济体资本账户开放中仅有 FDI，$y_t = \varphi(p_t)(1+\mu)W_t^B$，$\varphi(p_t) = \Phi^{(1-\theta)/\theta}$，$\Phi(p_t) = 1 + (p_t)^{\theta/(\theta-1)}\gamma^{1/(\theta-1)}$。

于是，均衡价格的表达式是：

$$\varphi(p) = (r+\delta+\mu\sigma)/(1+\mu) \tag{5.2}$$

与里昂惕夫模型类似，CES 经济体的均衡价格上升，但不会发生经济波动。因此，资本账户开放不会导致金融体系不稳定。虽然，在 CES 经济体条件下，(W^B+FDI) 不存在长期波动，FDI 的均衡价格也是函数而不是均衡值，但是这表明如果 W^B 与 FDI 的波动方向相反，经济增长会受到影响。因此，FDI 变化，宏观经济应该调节 W^B，使得经济增长能够通过内部均衡调整。如果不进行调节，很可能出现经济增长波动。

而后假定固定收益率大于国际金融市场利率，均衡价格 $p_t>0$。这表明，当资本账户开放中 FDI 受到约束，FDI$\leqslant xW^B$，即总量小于国内财富的一定比例，FDI 不具有完全弹性，因为数量受约束。因此，借贷数量 $L_t=\mu(W_t^B+\text{FDI}_t)$。在极限情况下，FDI$=xW^B$，意味着国内资产对直接投资有充分吸引力。此时，CES 经济体的财富方程表示为：

$$W_{t+1}^B = (1-\alpha)(e+(1+\mu)\varphi(p)W_t^B)/(1+x) - r_d\mu(1+x)W_t^B \tag{5.3}$$

式（5.3）中 r_d 为国内借贷利率，利用式（5.3），t+1 期的财富总量为：

$$W_{t+1}^B + xW_{t+1}^B = (1-\alpha)(e(1+x)+(1+\mu)\varphi(p)W_t^B - r_d\mu W_t^B(1+x)^2)$$

对 W_t^B 求导得：

$$\begin{aligned} d(1+x)W_{t+1}^B/d\text{FDI}_t = &(1-\alpha)(e/W_t^B + (1+\mu)\varphi(p)W_t^B \\ &- r_d\mu W_t^B(1+\text{FDI}_t/W_t^B)^2) \end{aligned} \tag{5.4}$$

对 FDI_t 求导可得：

$$\begin{aligned} d(1+x)W_{t+1}^B/d\text{FDI}_t = &(1-\alpha)(e/W_t^B + (1+\mu)W_t^B\Theta\delta(p_t) \\ &- 2r_d\mu(1+\text{FDI}_t/W_t^B)) \end{aligned} \tag{5.5}$$

等式 (5.5) 可以表示均衡价格的变化。Θ 为常数，$\delta(p_t)$ 为狄拉克函数。从 FDI_t 对财富总量的影响来看，首先，影响方向是不确定的，当经济繁荣，财富总量 W_t^B 较大，对 FDI_t 求导的结果很可能大于 0。此时，资本账户开放会导致经济加速过热。但是当经济衰退时，财富总量 W_t^B 缩小，对 FDI_t 求导的结果很可能小于 0。此时，资本账户开放会导致经济加速衰退。因此，对资本账户开放中国外直接投资部分的理论推演表明，FDI 开放会影响经济增长，带来经济波动。

二、非直接投资开放的影响

若一国资本账户开放中对外借贷和资产组合投资 FPOI 开放，在里昂惕夫模型下均衡为：

$$(r+\delta)(W^B + \text{FPOI}) = Z - \mu r(W^B + \text{FPOI}) \tag{5.6}$$

而对于 CES 经济体，均衡价格为：

$$\varphi(p) = (r+\delta+\mu r)/(1+\mu)$$

因此，均衡价格和 (W^B + FPOI) 不会存在长期变动，但如果 W^B 与 FPOI 的波动方向相反，经济增长会受到影响。另外，假定非直接投资的收益率高于 $r+\delta$，均衡价格 $p_t>0$。这是因为非直接投资与直接投资的目的不同，非直接投资除要收回投资成本外，还想要获取投资收益。于是，财富方程变为：

$$W_{t+1}^B = (1-\alpha)(e + (1+\mu)\varphi(p)W_t^B - r_d\mu W_t^B - r_p\text{FPOI}_t) \tag{5.7}$$

等式 (5.7) 内的 r_d 和 r_p 分别是国内利率和投资收益。假设在时间 t 和 $t+1$，FPOI 的流动量保持一致。那么，$t+1$ 时的财富总量可以表示为：

$$W_{t+1}^B + \text{FPOI}_{t+1} = (1-\alpha)(e + (1+\mu)\varphi(p)W_t^B - r_d\mu W_t^B - r_p\text{FPOI}_t) + \text{FPOI}_t$$

对 FPOI_t 求导得：

$$d(W_{t+1}^B + \text{FPOI}_{t+1})/d\text{FPOI}_t = (1-\alpha)((1+\mu)W_t^B\eta\delta(p_t) - r_p) + 1 \tag{5.8}$$

等式 (5.8) 可以表明均衡价格的变化。η 为常数，$\delta(p_t)$ 为狄拉克函数。如果非直接投资能够获取投机回报，那么对 FPOI_t 求导的结果很可能小于 0。此时，资本账户开放中的非直接投资可能会对经济增长产生消极影响。如果非直接投资没有投机回报，那么对 FPOI_t 求导的结果很可能大于 0。此时，资本账户开放中的非直接投资可能会对经济增长产生积极影响。因此，对资本账户开放中非直接投资的理论推演表明，非直接投资会对经济增长产生影响，但该影响具有不确定。这暗示我们，资本账户开放增长效应的关键因素是金融发展。

第三节 LT-TVPVAR 模型构建、数据选取与参数估计结果

一、LT-TVPVAR 模型基本结构

模型基础仍然是结构向量自回归模型，它的表达式为：

$$Ay_t = F_1 y_{t-1} + \cdots + F_s y_{t-s} + \mu_t, t = s+1, \cdots, n \tag{5.9}$$

式（5.9）中 y_t 是可观察变量矩阵，A 是系数矩阵，F_1，$\cdots$，F_s 是滞后系数矩阵，干扰项 μ_t 是结构冲击。假设 A 为主对角线均为 1 的下三角矩阵，可以将上式改写成递归的 S-VAR 模型：

$$y_t = B_1 Y_{t-1} + B_2 Y_{t-2} + \cdots + B_s Y_{t-s} + A^{-1} \sum \varepsilon_t, \varepsilon_t \sim N(0, I_k) \tag{5.10}$$

递归的 S-VAR 模型式（5.10）中，$B_i = A^{-1} F_i$，$i = 1, 2, \cdots, s$，且

$$\sum = \begin{bmatrix} \sigma_1 & 0 & \cdots & 0 \\ 0 & \sigma_2 & \ddots & \vdots \\ \vdots & \ddots & \ddots & 0 \\ 0 & \cdots & 0 & \sigma_k \end{bmatrix}, A = \begin{bmatrix} 1 & 0 & \cdots & 0 \\ a_{2,1} & \ddots & \ddots & \vdots \\ \vdots & \ddots & \ddots & 0 \\ a_{k,1} & \cdots & a_{k,k-1} & 1 \end{bmatrix} \tag{5.11}$$

定义 $X_t = I_k \otimes (y'_{t-1}, \cdots, y'_{t-s})$，$\otimes$ 为克罗内克乘积。将时变参数引入模型，模型可表示为：

$$y_t = X_t \beta_t + A_t^{-1} \sum_t \varepsilon_t, t = s+1, \cdots, n \tag{5.12}$$

假定模型中的所有参数服从随机游走过程，则模型的方差、协方差和时变系数演进过程为：

$$\begin{aligned} \beta_t &= \mu_\beta + \Phi_\beta (\beta_{t-1} - \mu_\beta) + \eta_{\beta_t} \\ a_t &= \mu_a + \Phi_a (a_{t-1} - \mu_a) + \eta_{a_t} \\ h_t &= \mu_h + \Phi_h (h_{t-1} - \mu_h) + \eta_{h_t} \end{aligned} \tag{5.13}$$

其中 α_t 和 β_t 为参数矩阵堆叠而成的向量，$h_t = (h_{1t}, \cdots, h_{kt})'$ 为对数随机波动率矩阵，$h_{jt} = \ln\sigma_{jt}^2$，$j = 1, \cdots, k$，参数扰动项协方差矩阵 Σ_β、Σ_a 和 Σ_h 均是对角矩阵，参数间的冲击相互独立。

在原时变模型基础上加入对系数和协方差门限值的考虑，引入 West 和 Harrison（1997）的动态回归模型，构建具有潜在门限的过程，定义如下：

$$
\begin{aligned}
b_t &= \beta_t \cdot s_{bt} \\
\beta_{t+1} &= \mu_\beta + \Phi_\beta(\beta_t - \mu_\beta) + \eta_{\beta t}, \eta_{\beta t} \sim N(0, V_\beta) \\
s_{bt} &= I(|\beta_t| \geqslant d_b) \\
a_t &= \alpha_t \cdot s_{at} \\
\alpha_{t+1} &= \mu_a + \Phi_a(\alpha_t - \mu_a) + \eta_{a_t}, \eta_{a_t} \sim N(0, V_a) \\
s_{at} &= I(|\alpha_t| \geqslant d_a) \\
h_{t+1} &= \mu_h + \Phi_h(h_t - \mu_h) + \eta_{h_t}, \eta_{h_t} \sim N(0, V_h)
\end{aligned}
\tag{5.14}
$$

其中，d_a 和 d_b 分别为联立参数和系数的潜在门限变量，$I(\cdot)$ 为示性函数，$d_b = d_a = 0$ 取值为 0，则不存在门限。此时，模型为 TVP-VAR 模型。$d_b = d_a = 1$，存在门限。另外，$\Phi = \text{diag}(\varphi_1, \cdots, \varphi_k)$ 为对角矩阵，元素 φ_i 是独立自回归参数，新息 η_t 的方差矩阵为 $\Sigma_\eta = \text{diag}(\sigma_{1\eta}^2, \cdots, \sigma_{k\eta}^2)$。$(e_t', \eta_\beta', \eta_a', \eta_h') \sim N[0, \text{diag}(I, V_\beta, V_a, V_h)]$，意味着参数的动态过程中随机项服从这一分布，$(\Phi_\beta, \Phi_a, \Phi_h, V_\beta, V_a, V_h)$ 中的矩阵都是对角矩阵。

对式（5.12）进行替换，其中 Φ_a 和 V_a 依旧为对角阵。将参数 β_t 和 α_t 更新为 b_t 和 a_t，具体 p 阶 LT－TVP-VAR 模型的简化式为：

$$y_t = X_t b_t + A_t^{-1} \Sigma_t \varepsilon_t, t = s + 1, \cdots, n \tag{5.15}$$

式（5.15）中，$X_t = I_k \otimes (y_{t-1}', \cdots, y_{t-s}')$，$b_t$ 为 $k^2 s \times 1$ 维随机系数向量。另外，式（5.15）中 ε 和 A 保持与 TVP-VAR 模型相同的设定，具体见 Primiceri（2005）和 Nakajima 等（2011）。

令 $\Lambda^2 = A_t \Sigma A_t'$ 并且为对角阵，则 Σ 的 Cholesky 分解形式为：

$$\Sigma_t = A_t^{-1} \Lambda_t^2 (A_t')^{-1},$$

$$
A_t = \begin{pmatrix} 1 & 0 & \cdots & 0 \\ a_{21,t} & 1 & \ddots & \vdots \\ \vdots & \ddots & \ddots & 0 \\ a_{m1,t} & \cdots & a_{m,m-1,t} & 1 \end{pmatrix}, \Lambda_t = \begin{pmatrix} \sigma_{1t} & 0 & \cdots & 0 \\ 0 & \ddots & \ddots & \vdots \\ \vdots & \ddots & \ddots & 0 \\ 0 & \cdots & 0 & \sigma_{mt} \end{pmatrix} \tag{5.16}
$$

(5.16) 中，$A_t^{-1}\Lambda_t\varepsilon_t$ 是原模型中 μ_t，$\varepsilon_t \sim N(\varepsilon_t \mid 0, I)$，$\Omega_t = A_t^{-1}\Sigma_t\Sigma_t'A_t^{-1'}$ 是 u_t 的协方差矩阵。将生成的动态模型转为条件动态潜在门限模型。令 $\tilde{y}_t = (\tilde{y}_{1t}, \cdots, \tilde{y}_{mt})' = y_t - X_t\beta_t$，其中

$$\widetilde{X}_t = \begin{pmatrix} 0 & \cdots & & & & & & 0 \\ -\tilde{y}_{1t} & 0 & 0 & \cdots & & & & \vdots \\ 0 & -\tilde{y}_{1t} & -\tilde{y}_{2t} & 0 & \cdots & & & \\ 0 & 0 & 0 & -\tilde{y}_{1t} & \cdots & & & \\ \vdots & & & & \ddots & 0 & \cdots & 0 \\ 0 & \cdots & & & 0 & -\tilde{y}_{1t} & \cdots & -\tilde{y}_{m-1,t} \end{pmatrix}$$

是 $m \times m(m-1)/2$ 维矩阵。

由此，全部时间 t 内，$\tilde{y}_t = \widetilde{X}_t a_t + \Lambda_t e_t$。在此基础上，改写带有潜在门限的时变方差矩阵，用 α_t 代替 a_t，$a_t = \alpha_t \cdot s_{at}$，$\alpha_{ij,t}$ 是 a_t 的元素堆叠。因此，对于 $i = 1, 2, \cdots, m$，$j = 1, \cdots, i-1$

$$a_{ij,t} = \alpha_{ij,t} s_{aij,t}$$
$$s_{aij,t} = I(|\alpha_{ij,t}| \geqslant d_{aij})$$

于是，模型变为：

$$\tilde{y}_t = \widetilde{X}_t a_t + \Lambda_t e_t$$
$$a_t = \alpha_t \cdot s_{at}$$
$$\alpha_{t+1} = \mu_a + \Phi_a(\alpha_t - \mu_a) + \eta_{a_t}, \eta_{a_t} \sim N(\eta_{a_t} \mid 0, V_a)$$

Φ_a 和 V_a 仍为对角矩阵。

而后，迭代潜在门限时变 VAR 模型，VMA（∞）的形式是：

$$y_t = \sum_{h=0}^{\infty} \Theta_{h,t} u_{t-h} \tag{5.17}$$

等式 (5.17) 中，$\Theta_{0,t} = I_k$，$\Theta_{h,t} = J\hat{\beta}_t J'$。

$\hat{\beta}_t$ 和 J 的矩阵形式如下：

$$\hat{\beta}_t = \begin{bmatrix} \beta_t \\ I_{k(s-1)} : 0_{k(s-1) \times k} \end{bmatrix} \text{和} J = (I_k : 0_{k \times k(s-1)})$$

模型脉冲响应函数的形式是：

$$\Phi_t = (\Theta_{0,t}' : \cdots : \Theta_H, t')' A_t^{-1} \Sigma_t \tag{5.18}$$

二、模型估计和抽样过程

在贝叶斯框架下，模型估计基于 West 和 Harrison（1997）中的拓展马尔可夫蒙特卡洛模拟方法（MCMC），模型具体估计和抽样过程如下。

（1）$\beta_{1,T}$ 抽样。条件是 $(\Theta_\beta, d, \alpha_{1,T}, h_{1,T}, y_{1,T})$：

$$M_t^{-1} = X_t' \sum_t{}^{-1} X_t + V_\beta^{-1}(I + \Phi\Phi')$$

$$m_t = M_t \left[X_t' \sum_t{}^{-1} y_t + V_\beta^{-1}\{\Phi(\beta_{t-1} + \beta_{t+1}) + (1 - 2\Phi + \Phi'\Phi)\mu\} \right]$$

MH 滤波可接受概率为：

$$\alpha(\beta_t, \beta_t') = \min\left\{1, \frac{N(y_t \mid X_t b_t^*, \Sigma_t) N(\beta_t \mid m_t, M_t)}{N(y_t \mid X_t b_t, \Sigma_t) N(\beta_t^* \mid m_t, M_t)}\right\}$$

（2）$\alpha_{1,T}$ 抽样。条件是 $(\Theta_\beta, d, \alpha_{1,T}, h_{1,T}, y_{1,T})$，$d_a = \{d_{aij}\}$

$$\tilde{y}_t = \tilde{X}_t a_t + \Lambda_t e_t$$

$$a_t = \alpha_t \cdot s_{at}$$

$$\alpha_{t+1} = \mu_a + \Phi_a(\alpha_t - \mu_a) + \eta_{a_t}, \eta_{a_t} \sim N(\eta_{a_t} \mid 0, V_a)$$

过程抽样。具体抽样方法与 $\beta_{1,T}$ 相同。

（3）$h_{1,T}$ 抽样。条件是 $(\Theta_\beta, d, \alpha_{1,T}, h_{1,T}, y_{1,T})$，$y_t^* = (y_{1t}^*, \cdots, y_{mt}^*)' = A_t(y_t - X_t\beta_t)$。随机波动形式为：

$$y_{it}^* = \exp(h_{it}/2) e_{it}$$

$$h_{it} = \mu_{hi} + \varphi_{hi}(h_{i,t-1} - \mu_{hi}) + \eta_{hit}$$

$$(e_{it}, \eta_{hit})' \sim N(0, \mathrm{diag}(1, \upsilon_{hi}^2))$$

μ_h、Φ_h 和 V_h 矩阵的第 i 个主对角元素分别是 μ_{hi}、φ_{hi} 和 υ_{hi}^2。

（4）$(\Theta_\beta, \Theta_a, \Theta_h)$ 抽样。条件是 $(\beta_{1,T}, d)$，$(\alpha_{1,T}, d_a)$ 和 $h_{1,T}$。

Θ_h 不需要考虑拒绝门限的过程。Θ_a 和 Θ_β 可用潜在门限回归估计。

（5）(d, d_a) 抽样。条件为其他所有参数，$d_{-i} = d_{1,k}/d_i$，条件先验分布 $d_i^* \sim N(0, |\mu_i| + K_i\upsilon_i)$，运用 MH 算法对 d_i 的条件后验分布进行抽样，可接受概率为：

$$\alpha(d_i, d_i^*) = \min\left\{1, \prod_{t=1}^T \frac{N(y_t \mid x_t' b_t^*, \sigma^2)}{N(y_t \mid x_t' b_t, \sigma^2)}\right\}$$

门限 (d_i, d_{-i}) 的状态变量是 b_t，基于 (d_i^*, d_{-i}) 的候选变量是 b_t^*。

三、数据选取与参数估计结果

资本账户开放数据已在第四章中给出，而对于金融发展和经济增长替代变量的选取，采用常规的思路，即首先选取广义货币供给量 M_2 和中国名义 GDP 的当月累计值计算 M_2/GDP，作为金融发展的替代变量，用 fd 表示；选取实际 GDP 同比增长率作为经济增长的替代变量，用 gdp 表示。其中，由于 M_2 是期末余额，而名义 GDP 是累计值，因此我们采用 King 和 Levine (1993) 的做法。另外，数据中所运用的指标（M_2 与 GDP）均经过季节调整。样本区间设定为 2002 年 10 月至 2017 年 6 月，数据频率为月度，每组数据共有 176 个可观测变量，数据来源于 Wind 经济数据库。

而后对三组变量进行 ADF 平稳性检验，检验结果显示三组时间序列的一阶差分序列在 5% 显著性水平下为平稳时间序列，具体结果如表 5.1 所示。因此，在后续构建 LT-TVP-VAR 模型时，均采用序列的一阶差分序列。模型模拟次数设定为 20 000 次，预烧为 2000 次。而对于滞后阶数的选取，我们采用常用的 VAR 模型滞后阶数判定准则，确定模型的滞后阶数为 2。模型由 Oxmetrics 6.0 计算完成。

表 5.1　ADF 平稳性检验

变量	ADF 统计值	1% 临界值	5% 临界值	结论
gdp	−2.661808	−3.467633	−2.877823	非平稳
Δgdp	−4.469183	−3.468295**	−2.878113*	平稳
fo	−5.642226	−3.467205**	−2.877636*	平稳
fd	−1.222081	−3.469691	−2.878723	非平稳
Δfd	−3.278276	−3.469691**	−2.878723*	平稳

注：表中标注 ** 的数值为 1% 显著水平下显著的数值，标注 * 的数值为 5% 显著性水平下显著的数值。

表 5.2 所示为各协方差矩阵的后验估计结果，列示了通过 LT-TVP-VAR 模型估计后获得的后验分布均值和方差以及无效影响因子 Inef 值和马尔科夫链收敛性的数据。其中，比较重要的数据为 Inef 值，它表示识别模拟所产生的不相关样本个数，也就是说在模拟次数固定的情况下，Inef 值越大意味着

不相关样本个数越多，估计是相对不合理的；Inef 值越小意味着不相关样本个数越少，估计相对合理。从表中可以看出，大部分 Inef 数值基本小于 200，最大参数为 226.25，而在总体模拟次数为 20 000 次下，参数估计结果的 Inef 值相对较小，这也就是说明参数的估计相对合理。

表 5.2 LT—TVP-VAR 模型参数估计结果

参数	均值	标准差	95%置信区间	Geweke	Inef
μ_β	−0.0728	0.0393	[−0.1445, −0.0147]	0.000	16.94
Φ_β	0.9251	0.0343	[0.8514, 0.9862]	0.397	37.05
$(\Omega_\beta)_1$	0.0224	0.0024	[0.0185, 0.0276]	0.001	192.10
μ_a	−0.1578	0.1824	[−0.5008, 0.2099]	0.000	84.16
Φ_a	0.9020	0.0647	[0.7411, 0.9862]	0.001	154.25
$(\Omega_a)_1$	0.1157	0.0278	[0.0750, 0.1843]	0.108	187.65
μ_h	0.0056	0.0022	[0.0032, 0.0104]	0.640	118.32
Φ_h	0.8764	0.1051	[0.5982, 0.9937]	0.385	36.69
$(\Omega_h)_1$	0.0940	0.0464	[0.0443, 0.2260]	0.089	117.64
$(d_b)_1$	0.1803	0.0683	[0.1357, 0.3255]	0.000	92.59
$(d_b)_2$	0.0449	0.0189	[0.0054, 0.0728]	0.209	226.25
$(d_a)_1$	0.5692	0.4223	[0.0259, 1.5644]	0.173	30.13
$(d_a)_2$	0.4206	0.3279	[0.0190, 1.1302]	0.698	35.70

表 5.3 中显示了模型潜在门限可接受概率，因为所有概率均不为 0，这意味着在统计上模型变量间存在门限效应。联立参数门限变量$(d_a)_1$ 和$(d_a)_2$ 的潜在门限可接受概率均高于 60%，最高为 71.2%，这一结果更加确定模型变量间具有显著门限效应，我们运用 LT-TVP-VAR 模型进行估计具有合理性。

表 5.3 潜在门限可接受概率 （%）

参数	$(d_b)_1$	$(d_b)_2$	$(d_a)_1$	$(d_a)_2$
潜在门限可接受概率	24.4	36.9	63.5	71.2

第四节　中国资本账户开放增长效应的实证分析

基于以上估计结果，本节运用 LT-TVP-VAR 模型的时变脉冲响应函数对中国资本账户开放的增长效应进行探究。对于 LT-TVP-VAR 模型的结构化脉冲响应函数，在整个样本期间内，设定相同的时间间隔，因此获得变量每个时间点一单位正向标准差冲击在这一相同时间间隔后的脉冲影响，将其描绘在图 5.1 中。而对于时间间隔的设定，考虑到本章中使用的数据为月度数据，因此将滞后期设定为 12 期（一年），24 期（两年），36 期（三年），分别用实线、长虚线和短虚线表示。图 5.1 展示了资本账户开放和金融发展对经济增长的一个标准差大小正向冲击的响应动态，结果显示，在样本期间内的不同时间段，冲击影响存在显著差异。这意味着变量之间的动态关系是时变的。

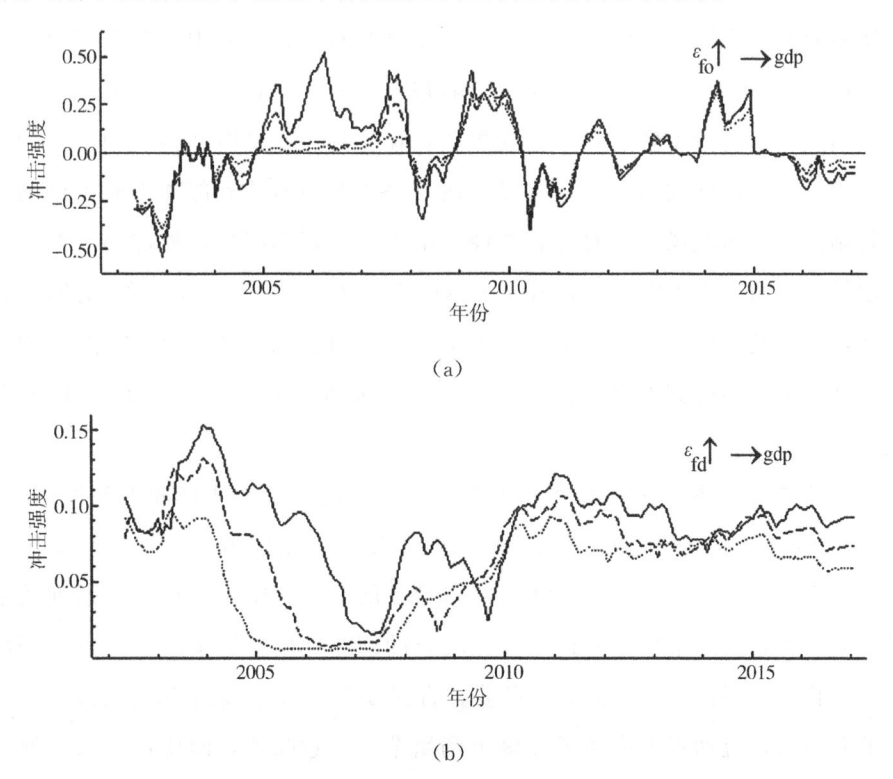

(a)

(b)

图 5.1　中国资本账户开放度和金融发展程度变化对经济增长的影响

一、中国资本账户开放对经济增长的时变影响

观察资本账户开放程度的变化如何影响经济增长。在 2005 年以前，资本账户开放的正向冲击对经济增长的影响是负向影响，但是这一影响逐渐弱化并向 0 线收缩。而这一时段内，资本账户的开放度持续走高，这暗示虽然资本账户持续开放，但是并未对经济增长产生积极影响。这意味着，此时通过资本账户开放而进一步扩大的资金流入在国内处于使用效率相对较低的状态。究其原因，汇率灵活性是限制流动资本效率的重要因素，这也提醒货币当局需要对中国的汇率制度进行相应的调整。于是，当 2005 年 7 月 21 日中国调整外汇制度后，资本账户开放对经济增长的冲击转变为正向并持续至 2008 年左右。在此期间，伴随着人民币的升值以及资本账户开放度的提高，越来越多的外资流入中国，带动了中国经济持续增长，促进金融中介效率提升，金融市场也在同一时间逐渐繁荣。紧接着 2008 年次贷危机爆发，国际经济和金融体系面临巨大风险，而从图 5.1（a）中观察得到，此时中国资本账户开放对经济增长的影响发生突变，冲击影响转为负向，并且冲击强度也几乎达到历史高点。但是冲击影响并未持续多久，在不到一年的时间内，冲击影响再次转为正向。这样的结果充分展现了在面对如此强烈的外部冲击时严格的资本管制措施在防范风险方面的有效性。由于收紧资本账户，外部冲击对于经济增长的负向效果得以降低，避免了本国金融体系受到金融危机的强烈冲击。因此，这对我们的启示是，完全的资本账户自由化可能并不可取，适当的资本管制措施能够抵御外部冲击，这一结果再次印证了 Quinn 和 Toyoda 的观点。

在此之后，冲击影响围绕 0 线上下变化、逐渐收缩并且冲击强度较弱，仅在 2014 年至 2015 年间具有较强的正向影响。这是因为，2008 年后中国金融市场进入调整期，为进一步降低冲击带来的损失，中国实行了一系列政策以刺激内需并维护金融体系稳定。在较长的恢复期中，资本账户一直处于严格受限状态，因此对经济的影响微弱。直到 2014 年，金融市场再次进入新一轮上升期时，流动资本推动了金融市场繁荣。这意味着，即使资本账户处于受限状态，金融市场的发展同样能够推动经济增长。因此，这一结果能够提

醒政策制定者，经济高质量高效率发展根本上离不开金融体系的稳定和效率，进一步推进金融改革势在必行。进入 2015 年后，冲击影响迅速收缩为 0，直到 2015 年年末，冲击影响仅具有微弱的负向效应。需要注意，样本期末资本账户开放对经济增长仅产生微弱的负向作用。这样的结果暗示低水平的资本账户开放度对经济增长没有益处。因此，这一结果意味着经济增长处于缓慢复苏状态的原因之一可能是资本账户开放度不足，特别是随着国际经济环境变化，中国面临巨大资本外流压力的情况下，对于外汇均衡和经济发展是一个不利信号。所以，现阶段应该提高资本账户开放度并使其保持在合理区间，同时审慎监控资本流向，避免外汇储备损失，以期为经济增长带来积极作用。

另外，从冲击的长短期效应来看，冲击影响的短期效应在样本期内各时间段的强度稍强于长期效应，仅在金融危机期间长短期效应存在较大幅度的差距。这说明，不论在短期还是长期，资本账户开放度的提升对经济增长均有益处。短期内，资本账户开放带来流动资本，给金融市场深化和经济发展带来活力。长期内，通过金融结构性改革，资本账户开放能够带动资本市场投资效率提高，进一步促进经济增长。

综上所述，在整个样本期间内，资本账户开放对经济增长的影响具有显著的时变特征，在 2008 年以前，资本账户开放度一直处于波动上升状态，伴随着汇率制度调整，流动资本为经济发展做出了显著的贡献。但在危机后的时期，随着国际经济形势变化以及我国逐渐收紧资本账户以应对危机，这一影响的方向出现交替变化并且逐渐收缩。另外，资本账户开放对经济增长的影响既具有显著的短期效应也有长期作用。以上结论启示我们，一方面，注重资本账户开放的长期效应，侧重通过结构性改革，进一步提高资本市场效率。另一方面，必须密切注意在资本账户开放后投机型短期资本流入，构建动态监测体系。另外，资本账户开放的提升应在经济稳定增长的前提下进行，在此前提下，保持和提升资本账户的适度开放，对于经济增长具有积极作用。

二、金融发展对经济增长的时变影响

在金融发展冲击经济增长的脉冲响应图 5.1（b）中，可以观察得知，在样本期内该冲击影响一直在 0 线上方波动，这说明随着金融发展的深入，一单位的金融发展变量的正向冲击，对经济增长有显著的正向作用。这意味着，中国的金融深化可以显著促进经济增长，伴随着我国金融体系的完善以及金融改革的深入，会给经济发展带来更为有利的基础条件。而在不同样本期间的不同时段内，这一正向冲击影响的强度不同。在样本期间的初始阶段，冲击影响的强度一直处于0.08以上，直到2004年冲击强度达到最大。这说明，在中国加入WTO以后，伴随着贸易的开放，在金融领域的一些配套政策和措施也陆续出台，这些政策改善了商品和服务的交换过程，影响了部分储蓄和投资决策，从而影响经济增长。

随后，冲击影响强度在2004年后逐渐降低，直到2007年至2008年之间的时点，冲击影响的走势发生转折，影响强度迅速上升，到2008年达到阶段性高点，这一期间内呈现为V型走势。这表明，在2004年以后，一单位金融发展的正向冲击对经济增长的正向影响没有提升反而减弱。这是因为，在此期间内我国金融市场发展迅速，尤其是股票市场，在较短时间内，其股票市值成倍增长，典型的指标如上证指数迅速攀升。而迅速膨胀的市场又带来了巨大的资金流入，在此期间内金融市场异常繁荣。但是，金融市场的表面繁荣掩盖了许多深层次结构性问题，带来的是我国金融发展在规模上增长迅速，而在金融深化的质量和效率上并没有显著提升，同时也存在巨大的潜在风险，导致对于经济增长的正向影响减弱。

直到金融危机爆发后，通过加强对于金融部门的管制，外部冲击影响显著减弱，金融发展对经济增长的正向作用得到改善，如图5.1（b）中冲击影响的走势。在此之后，冲击影响强度缓慢回升，并一直在0.05至0.1区间波动。这说明，在金融危机之后，随着金融改革以及金融管制措施的深入，冲击影响的负向作用减弱，金融体系得以保持稳定。但是此后，由于金融体系本身在危机后暴露出其存在的结构性问题，对于短期的金融体系管制措施，其发挥的作用逐渐减弱，至2010年年初，冲击影响的强度达到危机后的低点。而后，伴随着金融市场的回暖，金融发展对于经济的正向作用有所回升，冲击影响的强度一直保持在0.1上下波动。这是因为，我国金融体系仍然处于不断地完善和改革过程中，一些深层次的结构性问题需要通过改革的持续深入，比如完善金融市场的相关制度建设以及继续扩大金融中介机构规模等，来发挥金融体系优化资源配置效率的作用，更好地分散风险以及服务于实体经济。因此，理解中国金融发展对经济增长的作用，我们需要针对改善金融发展质量和效率实施相应的措施，继续保持开放，引入竞争，以增强金融市场活力以及中介机构的竞争力。

从冲击影响的长期效应来看，金融发展对经济增长的作用相对冲击影响的短期效应较弱，但是，并没有出现传统意义上金融发展对经济增长作用的边际效率递减的情况。这是因为，金融发展对经济增长的长期影响普遍处于0.1以下，冲击影响在长期来看仍然处于低水平。另一个可能的原因是，由于我们采用的替代变量表示的是金融发展的规模，并没有包含金融发展的效率等因素，因此冲击的脉冲响应在长期效应上可能弱于短期效应。另外，分别观察资本账户开放与金融发展两个变量对经济增长的影响强度表明，两者在影响程度上并不匹配，在样本期间内，资本账户开放对经济增长的作用普遍强于金融发展对经济增长的作用。这说明，选择资本账户开放可能优先于金融发展，但是这并不意味着提升金融发展程度不重要。因为，金融发展规模、效率的提升，能够优化金融结构和体系中各要素的配置以及促进制度环境的建设，使得金融部门能够协调发展。

第五节 本章小结

本章中，首先梳理了资本账户开放增长效应的有关研究进展，然后通过理论模型推演资本账户开放对经济增长的影响。理论模型分析表明：直接投资开放和非直接投资开放对经济增长的影响取决于金融发展。进一步通过构建包含中国资本账户开放、经济增长与金融发展三变量的 LT-TVP-VAR 模型，运用模型的脉冲响应函数对中国资本账户开放的增长效应进行实证分析。研究表明：其一，推进资本账户开放能够促进经济增长，但由于现阶段中国资本账户开放度较低，增长效应受到限制。其二，促进金融深化有益于缓解增长效应受限的情况，通过不断地金融体系改革，提升金融深化程度能够有效带动经济增长。因此，当前继续深化金融改革，促进金融发展是提升经济增长的主要力量，加快中国资本账户开放并不是有利选择。其三，完全资本账户自由化在现阶段并不可取，中国更适合在一段相对长的时间内保持基本开放或部分开放的资本账户，适当的资本管制能够起到防范风险的作用。

因此，基于以上结论，笔者认为：

第一，现阶段可以继续坚持资本账户开放循序渐进的原则，逐渐提升资本账户开放度，平衡推进资本账户开放政策与金融监管政策。虽然，中国金融体系建设已取得长足进步，但随着国际金融环境变化，中国金融体系面对的跨国风险日益增强。因此，考虑到充分发挥资本账户开放的积极作用，应当在政策应对上加强金融监管政策与资本账户开放政策的配合力度，避免资本账户开放进程回溯以及金融体系非稳定性。具体政策实施上，在直接投资限制逐渐弱化的情况下，尝试继续放开证券投资和其他投资项目，进一步完善 QFII 和 QDII 管理制度，也可以考虑扩大国际金融机构在国内市场发行人民币债券的规模，增加债券的品种、开放渠道，比如扩大熊猫债券规模、推出丝路主题债券以及"一带一路"债券等。在稳步推进资本账户开放进程的同时，继续优化和完善相关制度，控制风险并为各类投资者创造良好环境。

第二，积极提升金融深化的质量及效率，继续深化金融改革，充分利用中国资本账户开放带来的积极作用，促进金融创新，保持经济稳定增长。未来随着全球化程度的加深，中国金融体系与世界其他地区金融体系的融合程度必然提高，健康和完备的金融体系是防御的第一道屏障。因此，要大力发展中国金融市场，提高金融发展程度以及金融市场深度和广度，建立健全多元化多层次的金融市场，有效降低外部冲击。另外，金融是服务于实体经济的，发展金融市场能够更好地服务实体经济。

第三，为资本账户开放创造良好的制度环境，充分实现资本项目开放的优势。努力提高监管水平，积极防范金融风险，提升金融体系抵御风险的能力。虽然，本章并未对中国资本账户开放相关法制制度进行评估，但金融体系的完善离不开法律秩序建设。加强会计制度信息披露，完善私人财产保护，强化腐败管理和政府服务功能，促进金融体系基础框架的完善，应该成为资本账户开放与金融发展的重要组成部分。

第六章　短期跨境资本流动的多因素冲击效应

2015年以来，中国面临巨大资本外流压力，这使得短期跨境资本流动的相关研究成了宏观经济研究中的热点问题。目前，随着中国各领域的开放举措，资本流动规模显著扩张，尤其是在中国经济向新常态过渡时期，短期资本流向的不确定性增加了金融体系和宏观经济风险因素的累积，使得经济下行压力增大并造成经济稳态失衡。自2005年人民币汇率改革之后，短期跨境资本流动变动频繁；2008年金融危机爆发后，国际资本回流加剧，中国面临短期资本外流压力；而后，中国通过"4万亿"刺激政策以缓解逐渐上升的国内资金成本，吸引国际资本流入中国；到2012年末，欧洲主权债务危机逐渐恶化，国际经济环境的变动增加了中国经济不确定性，资本外流压力增强。但随后发达国家实行了一系列量化宽松政策，导致消费需求急剧上升，于是中国贸易出口增加，人民币汇率升值预期增强，短期资本流入增加。至2015年末，由于货币当局在8月11日再次调整人民币汇率中间价格形成机制，人民币兑美元汇率中间价贬值幅度超过10%，同时中国经济增速放缓而美国经济逐渐恢复，美联储进入加息周期，中美利差收窄，增强了短期资本的避险需求，资本流出幅度同步增加。现阶段，世界经济仍处于金融危机后缓慢复苏的周期中，各国经济政策仍未回归常态化，这对新兴市场国家以及发展中国家预期跨境资本流动并不有利。如果中心国家货币政策发生变化，短期资本流动响应会因羊群效应加剧一国金融体系脆弱性。因此，中国需要密切关注各类因素对短期跨境资本流动的影响。

本章结构如下。第一节梳理短期跨境资本流动影响因素的研究；第二节通过理论模型推演各因素的影响机制；第三节，构建包含短期跨境资本流动与各影响因素TVP-SV-VAR模型；第四节，实证分析短期跨境资本流动的多因素冲击效应；最后为本章小结。

第一节 短期跨境资本流动影响因素的相关研究进展

短期跨境资本流动的重要影响因素可以概括为汇率波动、国内外利率差异以及资产价格变化（本章中资产价格指非货币性资产的价格，包括股票价格和房地产价格）。正是出于套汇、套利以及套价的原始动机才导致资本流动的频繁变化。Lipschitz等（2002）认为转型期国家的实际汇率历史水平和趋势以及生产要素强度能够造成大规模资金流入，并且对货币管制政策具有破坏性，进而迫使货币过度升值，使经济在市场情绪变化时变得极为脆弱。因此，汇率变化是短期资本流动的重要影响因素。而Kim（2000）则认为发展中国家资本流动的主要外部影响因素是世界利率水平，两者呈现负相关关系，而具体国家的生产率冲击和需求冲击则相对不重要。戴淑庚和余博（2018）运用VAR模型的研究表明汇率升值预期和中美利差都会增强短期跨境资本流动的波动性。进一步运用半参数平滑系数模型的研究表明，短期资本的套汇和套利动机在金融危机后减弱，美国货币政策外溢性则转变为主要影响因素，国际金融风险影响也显著提升（戴淑庚和余博，2019）。

除汇率外，价格因素也是短期跨境资本流动的重要因素。在相关研究中，Raddatz等（2017）的研究表明，通过影响投资组合配置，资产价格能够对资本流动以及汇率产生系统性影响。而在进一步研究中，王擎和张恒（2010）以及吴丽华和傅广敏（2014）着重探究了短期资本流动与股价的互动关系，他们认为短期跨境资本流动与股票价格是正相关的，即"热钱"流入会使国内股票价格上升，股票价格变动也会导致跨境资本流动的变化。但是Kim和Yang（2011）对东亚国家资本流入激增影响的研究表明，资本流入冲击仅能解释资产价格波动中较小的一部分。Favilukis等（2012）、Brana等（2012）和Ohno和Shimizu（2015）的研究则着重于跨境资本流动与房地产价格因素之间的关系，对美国、新兴市场国家和中国的研究表明：在美国和新兴市场国家中房地产价格并不是影响资本流动的主要因素，资本流动对房价的影响受限于信贷供应政策。但对中国的实证分析结论与美国和新兴市场国家的分析不同，中国的房地产价格能够显著影响跨境资本流动。

为了进一步探究短期跨境资本流动影响因素的冲击效应，许多学者通过构建统一模型框架对此进行实证分析。Hau 和 Rey（2006）在均衡模型下考察短期资本流动与股票价格和汇率的关系，他们认为汇率升值与跨境资本流入正相关，股价收益率较高时，汇率贬值。张谊浩等（2007）以及张谊浩和沈晓华（2008）通过三重套利模型探究了基于中国数据的三者关系，研究发现人民币升值和股价上涨是热钱流入的重要原因，但热钱流入不是人民币升值和股价上涨的原因。胡逸闻和戴淑庚（2015）和陈创练等（2017）则构建了包含时变参数的 VAR 模型分析了利率、汇率与短期资本流动的相互作用，研究表明相比较于利率，汇率与国际资本流动的相互影响更加显著。这两篇研究补充了短期资本流动与利率和汇率因素的动态分析框架，但是模型中并没有考虑资产价格影响且对冲击时点的选择没有根据改革和政策推进进程加以区分。在此基础上，朱孟楠和刘林（2010）的探究进一步揭示了多重影响因素与短期资本流动之间的动态关系。他们认为跨境资本流动能够显著影响汇率、股票价格以及房地产价格，它们之间的关系是资本流入使得汇率升值、股价上涨和房地产价格上涨，而后进一步引起资本再流入，导致风险累积（朱孟楠等，2017）。但赵进文和张静思（2013）则认为短期资本流动与其影响因素的动态演化过程应该是这样一个循环，即汇率上升导致短期资本流出，股票价格下跌，而持续的资本流出会使人民币贬值压力逐渐累积，短期资本逢低流入，股票价格上升。另外，方先明等（2012）和彭红枫和祝小全（2019）的研究则从短期资本流动的三种动机入手，研究表明短期资本的套汇动机强烈，套利动机存在时滞，商品市场的套价动机强于股票市场，而房地产市场套价动机则受相关政策的抑制。虽然研究对于短期资本流动的动机分析较为深刻，但是对于冲击效应之间差异的分析仍略有欠缺。

在梳理以上文献后，为了更好地刻画短期跨境资本流动与影响因素之间的动态关系，接下来，首先在 Dieci 和 Westerhoff（2010）的研究基础上建立理论模型，探讨多因素对短期跨境资本流动的影响机理，而后运用对短期冲击刻画较为良好的 TVP-VAR 模型替代传统的 VAR 模型，对短期资本流动的多因素冲击效应进行分析，刻画变量间的时变影响。另外，为补充相关研究中时点选择的缺失，对相关改革和政策推进的进程做了更加明确的区分。

第二节 短期资本流动多因素冲击的理论推演

参考 Dieci 和 Westerhoff（2010）模型，假设模型中有两个国家——H（Home）国和 A（Abroad）国。两国均有外汇和资本市场，市场中有两类投机者——技术型投机者（Chartists）（占比 $\bar{\omega}_{c,t}$）和基本面型投机者（Fundamentalists）（占比（$1-\bar{\omega}_{c,t}$）），分别以价格能合理预测和价格会回归基本面为投资依据。根据 Benjamin 和 Simon（2014），短期资本流动和相关影响因素具有较强时变特征。因此，包含汇率、利率和资产价格的短期跨境资本流动 CF_t 随时间变化的表达式如下：

$$CF_t = A_t + \theta_t CF_{t-1} + \alpha_t i_t + \beta_t e_t + \varphi_t p_t + \eta_t \qquad (6.1)$$

其中，i_t 是国内外利差，$i_t = i_t^H - i_t^A$；e_t 是实际汇率；p_t 是资产价格；A_t 是除汇率、利率和资产价格因素外的其他影响因素；α_t、β_t 和 φ_t 分别是短期资本流动对汇率、利率和资产价格的时变参数；η_t 是干扰项。Sarantis（2006）指出利率和汇率对短期资本流动的影响受风险溢价水平影响。

首先考虑利率平滑，遵循 Clarida 等（2000）以及 Kim 和 Nelson（2006）的研究惯例，H 国和 A 国的利率规则可以写为：

$$i_t^H = (1-\rho)[i_0^H + \gamma_\pi \pi_t^H + \gamma_y y_t^H + \gamma_e(e_t - e_{t-1})] + \rho i_{t-1}^H + \varepsilon_t^H \qquad (6.2)$$

$$i_t^A = (1-\rho)(i_0^A + \gamma_\pi \pi_t^A + \gamma_y y_t^A) + \rho i_{t-1}^A + \varepsilon_t^A \qquad (6.3)$$

其中，i_0^H 和 i_0^A 分别是 H 国和 A 国长期均衡利率；π_t^H 和 π_t^A 分别是 H 国和 A 国通货膨胀率；y_t^H 和 y_t^A 分别是 H 国和 A 国的产出缺口；ρ 为 0 到 1 内名义利率的时变平滑参数，也就是说货币当局根据目标利率和前期利率进行调整。γ_π、γ_y 和 γ_e 为参数，ε_t^H 和 ε_t^A 为随机干扰项。令 $i_0 = i_0^H - i_0^A$，$\pi_t = \pi_t^H - \pi_t^A$，$y_t = y_t^H - y_t^A$，$\varepsilon_t = \varepsilon_t^H - \varepsilon_t^A$，于是，等式（6.2）减（6.3）得：

$$i_t = B_t + \gamma(e_t - e_{t-1}) + \rho i_{t-1} + \varepsilon_t \qquad (6.4)$$

从等式（6.4）可得，利率由三个部分构成，一是宏观基本面因素 B_t，二是

外部汇率波动 ($e_t - e_{t-1}$)，三是利率本身的平滑特征。$\partial i_t / \partial e_t = (1-\rho)\gamma_e > 0$，利率和汇率正相关。

对于汇率决定，参考 Dieci 和 Westerhoff (2010) 对模型的假设，即对外汇市场中的货币需求包括国内市场中两类投资者的实际货币需求和外国投资者对本国的实际货币需求。因此，汇率的表达式可以写为：

$$e_t = e_{t-1} + d[D_t^A + \bar{\omega}_{c,t} D_{c,t}^E + (1-\bar{\omega}_{c,t}) D_{f,t}^E] + u_t, d > 0 \quad (6.5)$$

其中，D_t^A 是外国投资者对本国实际货币需求，$D_t^A = a_t i_t + \lambda_t \text{CF}_t$，表示它受到国内外利差和短期资本流动的影响。$a_t > 0$ 意味着当本国利率大于国外利率时，本国货币实际需求增加；$\lambda_t > 0$，意味着当短期资本流入时，本国货币需求增加。$D_{c,t}^E$ 和 $D_{f,t}^E$ 分别为技术型投机者和基本面型投机者对本国外汇市场上的实际货币需求，两类投机者的比例分别是 $\bar{\omega}_{c,t}$ 和 $(1-\bar{\omega}_{c,t})$。$D_{c,t}^E = b(e_{t-1} - e_{t-2})$，$b > 0$，表示技术型投机者通过判断汇率走势决定货币需求，意味着汇率上升（下降）时，本国货币需求量增加（减少）。$D_{f,t}^E = c(e_{t-1} - e_{t-1}^f)$，$c > 0$，表示基本面型投机者通过实际汇率与汇率基本面价格的差异决定货币需求，意味着实际汇率高于（低于）汇率基本面价值，货币需求增加（减少）。u_t 是干扰项。

对于国内资产价格决定，假设市场中资产价格的表达式可以写为：

$$p_t = p_{t-1} + g(D_t^{pH} + D_t^{pA}) + \zeta_t \quad (6.6)$$

其中，D_t^{pH} 和 D_t^{pA} 分别为国内投资者和国外投资者对国内金融市场上资产的需求，g 是正的价格调系数。ζ_t 是扰动项。$D_t^{pH} = h(F - p_{t-1})$，$D_t^{pA} = k(p_{t-1} - F + e_{t-1}^f - e_{t-1})$。其中，$F$ 是国内资产的基本面价值，h 和 k 是反应参数，$h > 0$，当基本面价格高于资产价格，国内投资者对国内资产需求增加；外国投资者对国内资产需求要考虑汇率变动损益和资产价格变动，$k > 0$，实际汇率低于基本面，实际资产价格高于基本面，资产需求增加。

因此，开放经济下的模型时变动态系统可以由以上等式构建：

$$\text{CF}_t = A_t + \theta_t \text{CF}_{t-1} + \alpha_t i_t + \beta_t e_t + \varphi_t p_t + \eta_t \quad (6.1)$$

$$i_t = B_t + \gamma_t (e_t - e_{t-1}) + \rho_t i_{t-1} + \varepsilon_t \quad (6.4)$$

$$e_t = e_{t-1} + d_t [D_t^A + \bar{\omega}_{c,t} D_{c,t}^E + (1-\bar{\omega}_{c,t}) D_{f,t}^E] + u_t \quad (6.5)$$

$$p_t = p_{t-1} + g_t (D_{f,t}^{pH} + D_{f,t}^{pA}) + \zeta_t \quad (6.6)$$

满足：$D_t^A = a_t i_t + \lambda_t \mathrm{CF}_t; D_{c,t}^E = b_t(e_{t-1} - e_{t-2}); D_{f,t}^E = c_t(e_{t-1} - e_{t-1}^f)$。对于资产价格中的需求满足：$D_t^{pH} = h_t(F - p_{t-1}); D_t^{pA} = k_t(p_{t-1} - F + e_{t-1}^f - e_{t-1})$；时变参数 a_t、b_t、c_t、λ_t、h_t、k_t 大于 0。

于是，联立等式（6.1）、（6.4）、（6.5）、（6.6），可以获得汇率波动对短期资本流动的动态响应：

$$\frac{\partial \mathrm{CF}_t}{\partial e_{t-1}} = \frac{\{\beta_t(1 - a_t d_t \gamma_t) + (\alpha_t \gamma_t + \beta_t)d_t[(1 - \bar{\omega}_{c,t})c_t + \bar{\omega}_{c,t}b_t] - \varphi_t g_t k_t\}}{1 - a_t d_t \gamma_t - \alpha_t \gamma_t \lambda_t \varphi_t d_t - \beta_t \lambda_t \varphi_t d_t}$$

(6.7)

利率对短期资本流动的动态响应：

$$\frac{\partial \mathrm{CF}_t}{\partial i_{t-1}} = \frac{\alpha_t \rho_t + \beta_t a_t d_t \rho_t}{1 - a_t d_t \gamma_t - \alpha_t \gamma_t \lambda_t d_t - \beta_t \lambda_t d_t}$$

(6.8)

资产价格对短期资本流动的动态响应：

$$\frac{\partial \mathrm{CF}_t}{\partial p_t} = \varphi_t(1 - g_t h_t + k_t)$$

(6.9)

等式（6.7）、（6.8）和（6.9）具有经济含义。第一，从对短期资本流动多因素冲击的理论推演中，可以得出结论，模型中各要素之间具有时变关系，各因素对跨境资本流动的影响参数是随时间变化的，因此，传统的常系数模型并不能准确描绘各变量对短期跨境资本流动的时变影响。第二，理论模型中各时变参数的动态演化和数值大小能够反映利率、汇率与资产价格对短期跨境资本流动的动态影响机制，特别是在中国利率市场化及汇率市场化进程逐步推进的情况下，准确刻画宏观经济变量在经济结构或经济形势变化下的突然变化或渐进变化。

第三节　TVP-SV-VAR 模型、数据选取与参数估计结果

一、TVP-SV-VAR 模型建模机理

基于理论模型推演，探究短期跨境资本流动的多因素影响机制需要时模型参数满足时变特征。因此，本节中构建包含短期跨境资本流动和多个影响

因素的时变参数向量自回归（TVP-VAR）模型。TVP-VAR 模型是由结构 VAR 模型演化而来，SVAR 的基本结构为：

$$Ay_t = F_1 y_{t-1} + \cdots + F_s y_{t-s} + \mu_t, t = s+1, \cdots, n \tag{6.10}$$

其中，y_t 为 $k \times 1$ 维观测到的内生向量，$F_1, \cdots, F_s$ 和 A 分别为 $k \times k$ 维系数矩阵和联立参数矩阵，μ_t 为 $k \times 1$ 维结构冲击扰动项。假定 $\mu_t \sim N(0, \Sigma\Sigma)$，其中：

$$\Sigma = \begin{bmatrix} \sigma_1 & 0 & \cdots & 0 \\ 0 & \ddots & \ddots & \vdots \\ \vdots & \ddots & \ddots & 0 \\ 0 & \cdots & 0 & \sigma_k \end{bmatrix}$$

假设结构冲击的联立关系服从递归识别，A 为下三角矩阵，

$$A = \begin{bmatrix} 1 & 0 & \cdots & 0 \\ a_{21} & \ddots & \ddots & \vdots \\ \vdots & \ddots & \ddots & 0 \\ a_{k1} & \cdots & a_{k,k-1} & 1 \end{bmatrix}$$

VAR 模型形式可转变为：

$$y_t = B_1 y_{t-1} + \cdots + B_s y_{t-s} + A^{-1} \Sigma \varepsilon_t \tag{6.11}$$

其中，$\varepsilon_t \sim N(0, I_k)$，$B_i = A^{-1} F_i$，$i = 1, \cdots, s$。通过定义 $X_t = I_s \otimes (y_{t-1}, \cdots, y_{t-s})$，$\otimes$ 为克罗内克积，将 B 中的每行元素拉直写成 β，模型进一步可以转化为：

$$y_t = X_t \beta + A^{-1} \Sigma \varepsilon_t \tag{6.12}$$

等式（6.12）中，模型参数不具备时变特征。因此，根据 Primiceri（2005），允许模型参数随时间变化，TVP-SV-VAR 模型的具体形式为：

$$y_t = X_t \beta_t + A_t^{-1} \Sigma_t \varepsilon_t, t = s+1, \cdots, n \tag{6.13}$$

其中，β_t、A_t 和 Σ_t 均为时变。为了减少待估参数个数，根据 Nakajima 等（2011），令对数随机波动率矩阵 $h_t = (h_{1t}, \cdots, h_{kt})'$，设 $h_{jt} = \ln \sigma_{jt}^2$，$j = 1, \cdots, k$，下三角矩阵 A_t 中的非 0 和 1 元素拉直为列向量，模型中的所有参数服从随机游走过程：

$$\begin{aligned}\beta_{t+1} &= \beta_t + \mu_{\beta t} \\ a_{t+1} &= a_t + \mu_{at}, \\ h_{t+1} &= h_t + \mu_{ht}\end{aligned} \begin{pmatrix}\varepsilon_t \\ \mu_{\beta t} \\ \mu_{at} \\ \mu_{ht}\end{pmatrix} \sim N\left(0, \begin{pmatrix} 1 & 0 & 0 & 0 \\ 0 & \Sigma_\beta & 0 & 0 \\ 0 & 0 & \Sigma_a & 0 \\ 0 & 0 & 0 & \Sigma_h \end{pmatrix}\right) \quad (6.14)$$

$\beta_{s+1} \sim N(\mu_{\beta_0}, \Sigma_{\beta_0})$,$a_{s+1} \sim N(\mu_{a_0}, \Sigma_{a_0})$,$h_{s+1} \sim N(\mu_{h_0}, \Sigma_{h_0})$。参数扰动的协方差矩阵 Σ_β、Σ_a 和 Σ_h 都是对角矩阵(Primiceri,2005;Baumeister,2008)。

需要说明的是,为了探究多因素对短期跨境资本流动的影响,模型设定 A_t 为下三角矩阵以及设定时变系数服从随机游走,能够有效减少待估参数个数同时满足 VAR 递归识别,更易于捕捉时点信息。另外,模型基于 Cholesky 的单位冲击刻画 TVP-VAR 的脉冲响应函数,与 SVAR 的区别是,因为 A_t 是时变的,变量间的冲击影响也是时变的。因此,TVP-VAR 模型的特点是能够充分捕捉短期内经济结构的渐变或突变,从而有效刻画经济变量间的关系及时变特征。

二、TVP-SV-VAR 模型参数估计过程

首先,采用 Nakajima 等(2011)对先验值的选取方法,假定参数 β、a 和 h 的先验服从均值为 0,协方差矩阵为 $10 \times I$ 的正态分布,$\mu_{\beta_0} = \mu_{a_0} = \mu_{h_0} = 0$,$\Sigma_{\beta_0} = \Sigma_{a_0} = \Sigma_{h_0} = 10 \times I$。假定协方差矩阵第 i 个对角线服从先验分布:

$$\begin{cases} (\Sigma_\beta)_i^{-2} \sim \text{Gamma}(40, 0.02) \\ (\Sigma_a)_i^{-2} \sim \text{Gamma}(4, 0.02) \\ (\Sigma_h)_i^{-2} \sim \text{Gamma}(4, 0.02) \end{cases}$$

然后,TVP-VAR 模型的估计需要运用 MCMC 算法,根据 Chib 等(2002),在特定先验分布下,参数的高维后验分布带来 MCMC 算法的样本,因为其中包含未观测的潜在变量,因此可以将潜在参数的时变参数考虑进来,构成状态空间。而对于抽样方法,TVP-VAR 模型基于剩余参数分别对 $\beta = \{\beta_t\}_{t=s+1}^n$、$a = \{a_t\}_{t=s+1}^n$ 以及 $h = \{h_t\}_{t=s+1}^n$ 进行联合抽样,使用模拟滤波器对参数 a 和 β 进行抽样(Durbin 和 Koopman,2002;de Jong 和 Shephard,1995)。关

于随机波动 h 的抽样,可行的方法有 Kim 等(1998)的混合抽样法以及多次移动抽样法(Shephard 和 Pitt,1997)。研究过程中选择后者,理由是它能够直接从模型原始形式中获取样本。

最后,MCMC 算法的具体步骤,令 $y=\{y_t\}_{t=1}^n$,$\omega=(\Sigma_\beta,\Sigma_a,\Sigma_h)$,$\pi(\omega)$ 是 ω 的先验概率密度。在获得可观测的变量 y 后,通过 MCMC 方法从条件后验分布 $\pi(\beta,a,h\mid y)$ 中抽样。步骤如下:

1. 将 β,a,h,ω 初始化;
2. 在 $\beta\mid a,h,\Sigma_\beta,y$ 样本中进行抽样,采用模拟滤波器;
3. 在 $\Sigma_\beta\mid\beta$ 样本中进行抽样;
4. 在 $a\mid\beta,h,\Sigma_a,y$ 样本中进行抽样,采用模拟滤波器;
5. 在 $\Sigma_a\mid a$ 样本中进行抽样;
6. 在 $h\mid\beta,a,\Sigma_h,y$ 样本中进行抽样,采用多次移动抽样;
7. 在 $\Sigma_h\mid h$ 样本中进行抽样;
8. 返回至步骤 2。

由于模型假定 Σ_h 为对角矩阵,因此对 $j=1,\cdots,k$,条件后验分布 $\{h_{jt}\}_{t=s+1}^n$ 是独立的,使得对 h 的抽样更加容易。

取样的具体过程说明如下。为了从条件后验分布 $\pi(\beta\mid a,h,\Sigma_\beta,y)$ 中对 β 抽样,结合 (6.12) 和 (6.14) 的状态空间模型,通过模拟滤波器进行:

$$y_t = Z_t\alpha_t + G_t\mu_t, t = s+1,\cdots,n$$

$$\alpha_{t+1} = T_t\alpha_t + H_t\mu_t, t = s,\cdots,n-1$$

$\mu_t\sim N(0,I)$,$G_tH'_t=O$,$\eta=(\eta_s,\cdots,\eta_{n-1})\sim\pi(\eta\mid y,\theta)$,$\eta_t=H_t\mu_t$,$t=s,\cdots,n-1$。$\theta$ 是模型的其他参数,卡尔曼滤波:

$$e_t = y_t - Z_t a_t, D_t = Z_t P_t Z'_t + G_t G'_t, K_t = T_t P_t Z'_t D_t^{-1}$$

$$L_t = T_t - K_t Z_t, a_{t+1} = T_t a_t + K_t e_t, P_{t+1} = T_t P_t L'_t + H_t H'_t$$

$a_{s+1}=T_s\alpha_s$,$P_{s+1}=H_sH'_s$,$t=s+1,\cdots,n$。令 $\Lambda_t=H_tH'_t$,模拟滤波器:

$$C_t = \Lambda_t - \Lambda_t U_t\Lambda_t, \eta_t = \Lambda_t r_t + \varepsilon_t, V_t = \Lambda_t U_t L_t$$

$$r_{t-1} = Z'_t D_t^{-1} e_t + L'_t r_t - V'_t C_t^{-1}\varepsilon_t, U_{t-1} = Z'_t D_t^{-1} Z_t + L'_t U_t L_t + V'_t C_t^{-1} V_t$$

$\varepsilon_t\sim N(0,C_t)$,$r_n=U_n=0$ 对于 $t=n,n-1,\cdots,s+1$。取 $\eta_s=\Lambda_s r_s+\varepsilon_s$,$\varepsilon_s$

$\sim N(0, C_s)$, $C_s = \Lambda_s - \Lambda_s U_s \Lambda_s$。通过模拟滤波器得到 $\{\eta_t\}_{t=s}^{n-1}$ 的状态方程，构建样本 $\{\alpha_t\}_{t=s+1}^n$。对抽样过程的参数进行调整：$Z_t = X_t$，$T_t = I$，$G_t = (A_t^{-1}\Sigma_t, O)$，$H_t = (O, \Sigma_\beta^{1/2})$，$t = s+1, \cdots, n$。

同样，从条件后验分布 $\pi(a \mid \beta, h, \Sigma_a, y)$ 对 a 抽样，状态空间形式可以写为：

$$\hat{y}_t = \hat{X}_t a_t + \Sigma_t \varepsilon_t, t = s+1, \cdots, n; a_{t+1} = a_t + \mu_{at}, t = s, \cdots, n-1$$

其中，$\hat{y}_t = y_t - X_t \beta_t$，$a_s = \mu_{a_0}$，$\mu_{as} \sim N(0, \Sigma_{a_0})$，

$$\hat{X}_t = \begin{pmatrix} 0 & \cdots & & & & 0 \\ -\hat{y}_{1t} & 0 & 0 & \cdots & & \vdots \\ 0 & -\hat{y}_{1t} & -\hat{y}_{2t} & 0 & \cdots & \\ 0 & 0 & 0 & -\hat{y}_{1t} & \cdots & \\ \vdots & & & & \ddots & \cdots & 0 \\ 0 & \cdots & 0 & -\hat{y}_{1t} & \cdots & -\hat{y}_{k-1,t} \end{pmatrix}$$

类似于 β 抽样，运用模拟滤波器处理，对于 $t = s+1, \cdots, n$，参数调整为：$Z_t = X_t$，$T_t = I$，$G_t = (\Sigma_t, O)$，$H_t = (O, \Sigma_a^{1/2})$。

对 h 抽样有所差异，因为 h 的状态空间方程式非线性的，因此，选择多次移动取样（Shephard 和 Pitt，1997；Watanabe 和 Omori，2004）。令 y_{it}^* 为 $A_t \hat{y}_t$ 的第 i 个元素，状态空间形式可表示为：

$$y_{it}^* = \exp(h_{it}/2)\varepsilon_{it}, t = s+1, \cdots, n; h_{i,t+1} = h_{it} + \eta_{it}, t = s, \cdots, n-1$$

$$\begin{pmatrix} \varepsilon_{it} \\ \eta_{it} \end{pmatrix} \sim N\left(0, \begin{pmatrix} 1 & 0 \\ 0 & \upsilon_i^2 \end{pmatrix}\right)$$

$\eta_{is} \sim N(0, \upsilon_{i_0}^2)$，$\eta_{it}$ 是 μ_{ht} 的第 i 个对角元素，υ_i^2 和 $\upsilon_{i_0}^2$ 是 Σ_h 和 Σ_{h_0} 的第 i 个对角元素。之后，运用多次移动抽样，从条件后验密度中抽取 h。

最后给定 β，得到 Σ_β 的条件后验密度。假定 Σ_β 为对角矩阵，则能对 Σ_β 的第 i 个对角元素 σ_{β_i} 独立取样，$t = 1, \cdots, k$。指定先验 $\sigma_{\beta_i}^{-2} \sim$ Gamma$(s_{\beta_0}/2, S_{\beta_0}/2)$，得到条件后验分布 $\sigma_{\beta_i}^{-2} \mid \beta \sim$ Gamma$(\hat{s}_{\beta_i}/2, \hat{S}_{\beta_i}/2)$。其中，$\hat{s}_{\beta_i} = s_{\beta_0} + n - s - 1$，$\hat{S}_{\beta_i} = S_{\beta_0} + \sum_{t=s+1}^{n-1}(\beta_{i,t+1} - \beta_{it})^2$。Gamma 先验分布是共轭分布，后验序列简洁。对 $\Sigma_a \mid a$ 和 $\Sigma_h \mid h$ 运用相同抽样方法。

三、数据选取与处理

根据第三章中对短期跨境资本流动规模的测算，本节沿用这一数据，在此基础上，运用张明和谭小芬（2013）对短期跨境资本流动的处理，将其除以 M2 月度增量获得变化率，用 C 来表示。对于影响因素指标选取，即期汇率用人民币实际有效汇率指数，用 E 来表示，指数上升意味着人民币升值。不采用名义汇率的原因是，名义汇率并未剔除通胀，不能真实反映货币价值。而后，选用人民币 NDF 1 个月卖出价除美元兑人民币即期汇率为汇率预期的代理变量，用 E_f 来表示。利率指标仅选用了一般化的指标，即美国联邦基金利率 R_a 和中国银行间同业拆借加权平均利率 R_c。

表 6.1 ADF 平稳性检验结果

变量	ADF 统计值	1%临界值	5%临界值	结论
E	−0.697703	−3.455387	−2.872455	非平稳
ΔE	−11.75641	−3.455387**	−2.872455*	平稳
E_f	−1.804468	−3.462901	−2.875752	非平稳
ΔE_f	−9.576319	−3.462901**	−2.875752*	平稳
R_c	−4.345148	−3.465585	−2.876927	平稳
R_a	−1.882815	−3.455289	−2.872413	非平稳
ΔR_a	−6.924155	−3.455289**	−2.872413*	平稳
P	−0.177666	−3.455289	−2.872413	非平稳
ΔP	−12.76410	−3.455289**	−2.872413*	平稳
HP	−0.979026	−3.455193	−2.872370	非平稳
ΔHP	−14.83750	−3.455289**	−2.872413*	平稳
C	−14.13712	−3.463067	−2.875825	平稳

注：**代表1%水平显著，*代表5%水平显著。

对于股票价格替代变量的选取，将上证 A 股综合指数月末收盘价作为中国股票价格的代理变量 P_c，美国标准普尔 500 指数月末收盘价作为美国股票价格的代理变量 P_a，两者相除后用 P 来表示；中国房价用中国房地产销售额

除以销售面积为 HP_c，美国房价用全美住宅建筑商协会（NAHB）/富国银行住房市场指数 HP_a，两者相除后用 HP 来表示。以上数据中，外汇储备增加额数据通过人民银行网站外汇储备额后一个月减前一个月得出的，其他数据均来源于 Wind 数据库。数据经过 ADF 平稳性检验，表 6.1 结果显示，经过汇率数据对数差分和利率数据经过差分后时间序列在 1% 显著性水平下平稳。另外，参数估计结果显示 Geweke 值和非有效信因子均较低，说明样本收敛性良好[1]。

第四节　短期跨境资本流动的多因素冲击效应

一、短期跨境资本流动的汇率冲击

在汇率冲击中，$y_t = [C, E, E_f]^T$。设定模型的滞后期为 1，样本容量为 10000 次，预烧值为 1000 次。样本区间选定为 2003 年 1 月到 2019 年 9 月。图 6.1 为短期跨境资本流动、人民币即期汇率和汇率预期的脉冲响应函数图，间隔时间设定为 1-period，2-period，6-period，代表 1 个月，2 个月和半年后的影响，总体来看冲击影响的短期、中期效应显著且围绕 0 线波动呈非对称状态，而长时效应基本为零，这表明冲击影响均在半年左右的时间回归均衡。图 6.1 首行为短期跨境资本流动变化对汇率和汇率预期的冲击影响，从短期跨境资本流动对即期汇率的冲击响应得知，冲击影响的非对称性表现出正向影响多于负向，而对远期汇率的冲击响应则是负向影响多于正向。这意味着短期跨境资本流动对即期汇率的不对称冲击导致汇率上升的可能性较大，而对远期汇率的不对称冲击导致升值预期减弱的可能性较大。这样的冲击表现是由于短时资本流入的增加，在短期内积累资本流入压力，而在长期内则提升资本流出预期，这导致即期汇率由于资本流入而上升，但远

---

[1]　参数估计结果以及样本自相关函数、变量动态模拟路径和后验分布密度函数等由于篇幅所限未在此列示。

期汇率升水的倍数由于远期资本流出压力的增加反而下降。而从即期汇率和汇率预期对短期跨境资本流动的冲击响应来看，在一个月滞后期设定下，汇率上升负向影响短期跨境资本流动，而在大约2个月后，冲击影响转为正向，半年后影响为0。这表明，即期汇率上升并不是立刻导致短期跨境资本流入，而是在一定时滞后引致资本流入，并且在政策平滑后即期汇率会回归均衡。汇率预期升值对短期资本流动影响是负向的，这表明短期内资本流出的意愿更强。随着时间推移，资本流出的意愿逐渐减弱，最终冲击影响回归为0。这是因为汇率升值预期没有得到即期汇率升值的确认，因此达不到显著吸引资本流入的程度，套汇区间没有显著大于资本管制的交易成本，风险溢价水平没有达到门限值。

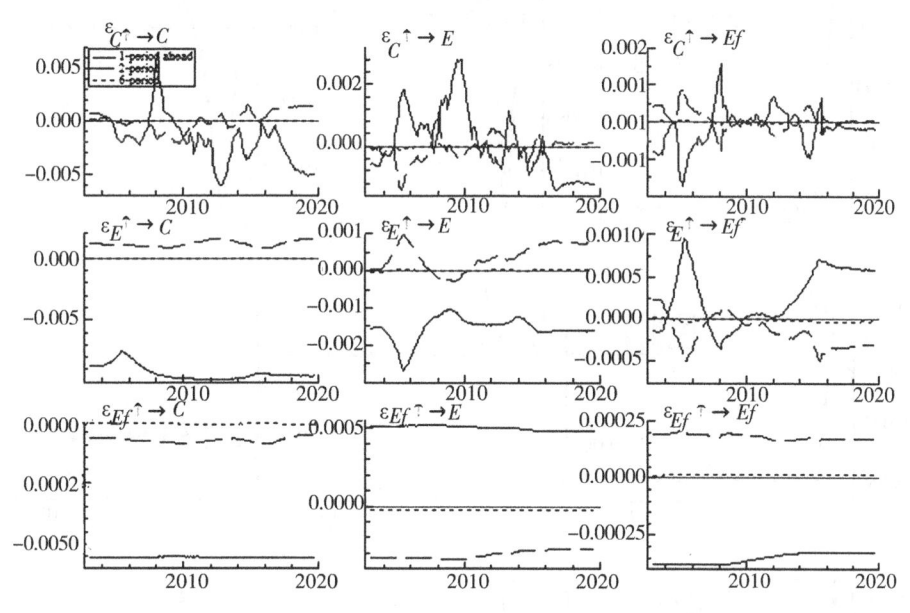

图 6.1　短期跨境资本流动与汇率和汇率预期的互动关系

图6.2所示为样本期间内，在一些重要时点上短期跨境资本流动与汇率及汇率预期之间的冲击响应。在时点的选择上，基于汇率制度调整的代表性时点，选取2005年7月，2008年6月，2010年6月，2012年4月，2014年3月以及2015年8月共6个时间点。其中，2005年7月，人民币汇率制度改革，正式实行"以市场供求为基础、参考一揽子货币进行调节的、有管理的"浮动汇率制；金融危机后，汇率制度转变为短暂的"盯住"制度；2010年6

月，央行提升人民币汇率弹性；2012年4月即期外汇市场人民币兑美元波动幅度放宽；2014年3月继续放宽波动幅度；2015年"8.11"汇改，央行调整人民币汇率中间价格形成机制。

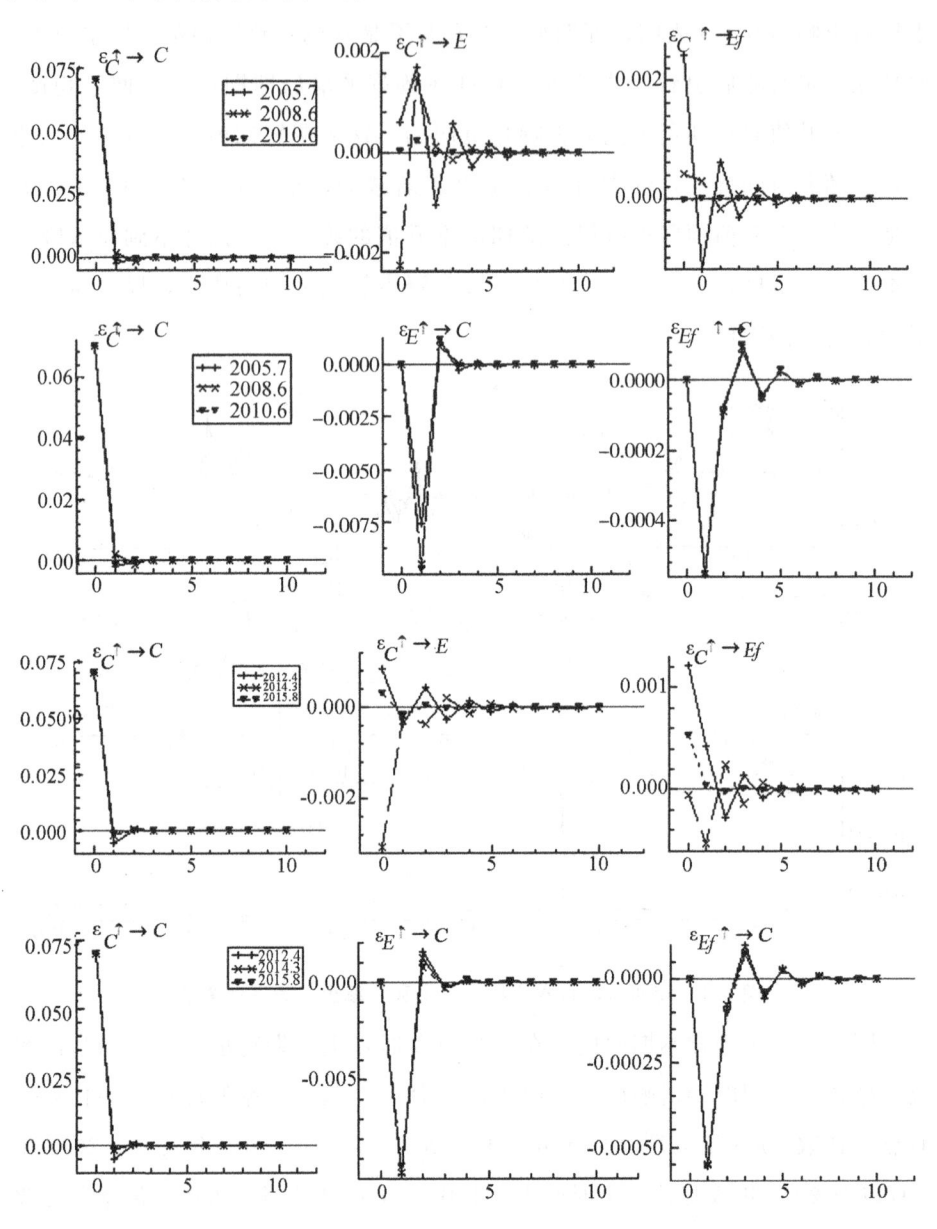

图6.2 不同时点下短期跨境资本流动与汇率及汇率预期的互动关系

总体来看，短期跨境资本流动的一单位正向冲击能够使即期汇率和远期汇率上升，在5个月左右收缩为0。这表明，一方面，短期跨境资本流入能够推动人民币升值，而持有美元资产的投资者为了避免持有资产贬值，会增强持有人民币的意愿，进而强化人民币升值预期。另一方面，随着汇率市场化程度加深，使得汇率处于合理区间浮动且富有弹性，这会减弱短期跨境资本的套汇动机，从而使汇率预期回归均衡。而即期汇率和远期汇率的一单位正向冲击会使短期跨境资本流出，但冲击持续期仅为3到4个月左右，这样的冲击表现适用于所有典型化时点。这暗示在汇率浮动范围扩大和弹性增强以后，跨境资本流动与汇率的联动也增强。而负向冲击背后的原因是，往往在改革初期，政策不确定性强，带来预期的不确定性也增强，导致跨境资本流出。而冲击持续期较短则表明，不论是即期汇率还是远期汇率，对资本流动的影响均是暂时性的。

另外，从图6.2中可以获知，随着样本的冲击时点越接近样本末期，即期汇率和远期汇率对短期跨境资本流动的影响强度不断提升。这表明，随着汇率制度的不断完善以及汇率市场化改革的深入，人民币汇率弹性的增强和波动幅度的扩大能够导致短期跨境资本的规模扩大。同时，冲击响应幅度的逐渐增强，也反映了人民币汇率弹性逐渐增强的过程。短期跨境资本流动与即期汇率和远期汇率相互之间的冲击影响还表现出围绕0线上下迅速变动的特征。这意味着，汇率是影响短期跨境资本流动的主要因素。目前，人民币汇率的波动态势并不明朗，具体表现为双向波动，汇率政策也倾向双向操作，维持汇率的稳定性和灵活性。这就导致汇率冲击更加直接地影响短期资本流动，冲击影响方向的逆转更为迅速。因此，这对政策制定者的启示是，应当关注汇率政策干预对跨境资本流动的间接效应，在保证政策有效性的前提下，谨慎安排政策实施时间和方法。

总结以上分析，等间隔脉冲响应表明：短期跨境资本流动对即期汇率和汇率预期的影响是非对称的，短期跨境资本流入导致汇率上升的可能较大，而导致远期汇率升值预期增强的可能较小。不同时点的脉冲响应表明：第一，即期汇率和汇率预期正向冲击会使短期跨境资本流出，但持续期较短；第二，随着时间的推移，汇率因素对短期跨境资本流动的冲击影响增强。因此，在汇率因素与短期跨境资本流动之间的联动关系显著增强的情况下，保持人民币汇率维持在合理区间浮动，同时提升汇率弹性，能够加强外汇手段有效应对短期跨境资本流动增强的状况。

二、短期资本流动的利率冲击

在利率冲击中，$y_t = [C, R_c, R_a]^T$。图 6.4 为短期资本流动与国内外基准利率的脉冲响应函数图。间隔冲击仍设定为 1-period，2-period，6-period[②]。总体来看，冲击影响的短中期效应存在显著差异，而长期效应接近于 0。结合图 6.3 短期跨境资本流动的峰谷变化以及中美利率变动的峰谷变化，可以说明，套利空间的不断变化影响了短期跨境资本流向，因此利率是影响短期跨境资本流动的重要因素。从冲击强度来看，短期跨境资本流动对本国利率的短期冲击幅度大于他国利率，本国利率对短期跨境资本流动的冲击影响也强于他国利率的影响。这表明，国内利率变化是导致短期跨境资本流向变化的主要因素。

图 6.4 的第一所示为短期跨境资本流动对国内外基准利率的冲击影响，虽然在 6 个月滞后期设定下，冲击接近于 0。但是，在 1 个月和 2 个月滞后期设定下，短期资本流动对国内外利率的影响存在差异，即短期资本流动冲击对国内利率的短期作用更弱，中期作用较强，而冲击对国外利率的短期作用较强，中期作用较弱。这样的差异反映了短期资本流动影响国内外利率的作用机制，同时体现中美两国利率市场化程度的差异。因为资本流入的压力，造成国外利率在受到冲击后，短期利率上升，但冲击影响能够快速平抑。这是因为，美联储在实现利率目标上有丰富手段，能够最终平抑利率波动。而国内利率在受到冲击后，中期利率上升，冲击影响平抑则相对较慢。另外，由于套利空间的增大，导致更多的短期跨境资本流入。

---

② 因数据采集的原因，样本区间为 2004 年 6 月到 2019 年 9 月。模拟次数为 10000 次，参数估计结果表明模型模拟能够获得充足的有效样本，具体结果未在此列示。

(a)

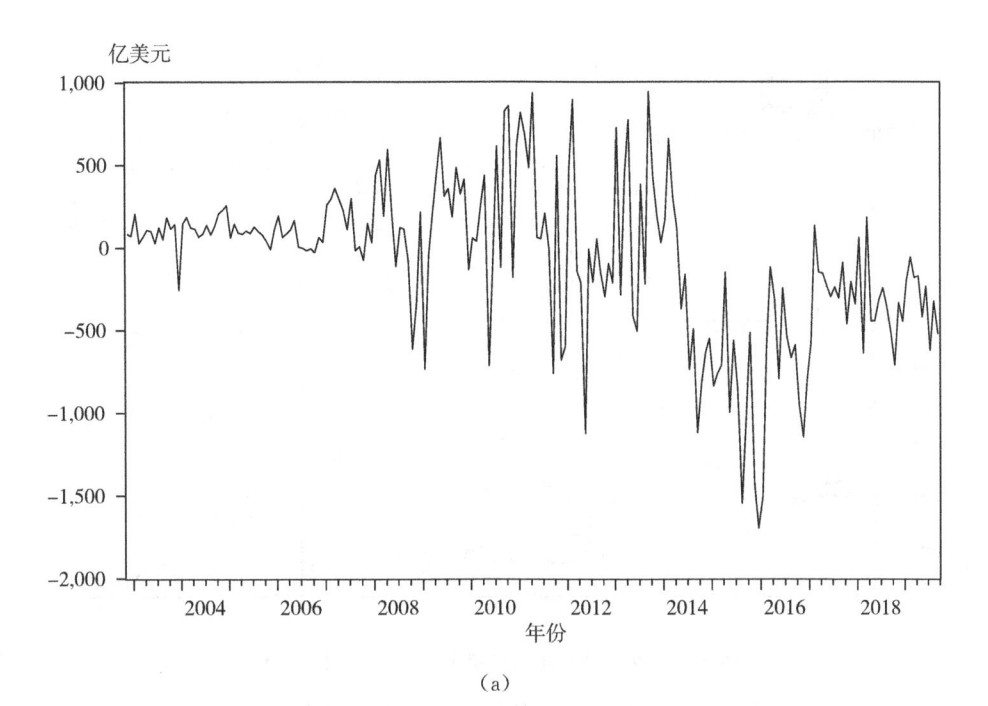

——中国银行同业拆借利率 ——美国联邦利率

(a)

图 6.3 短期资本流动与中美利率的互动关系

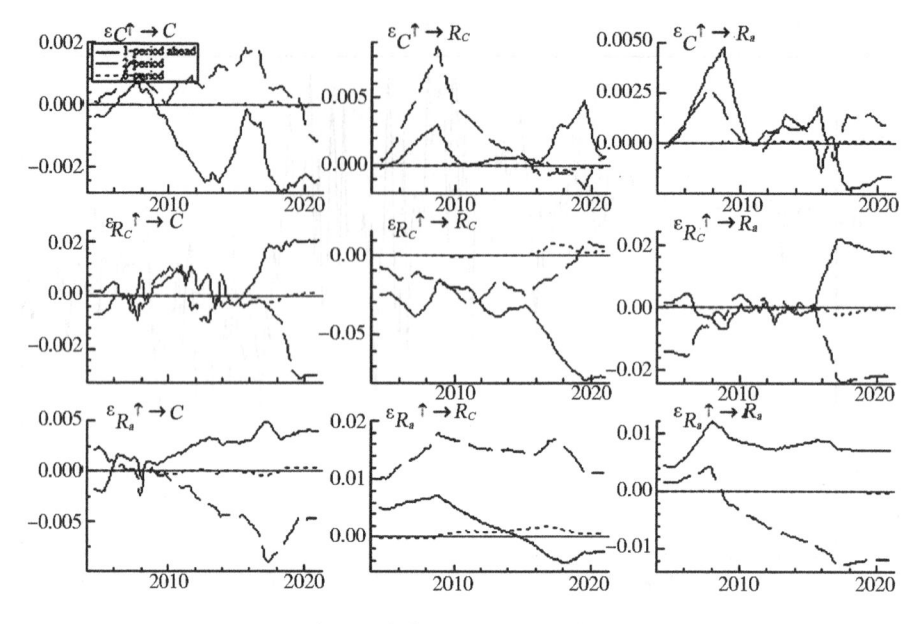

图 6.4　中美利率变化与短期跨境资本流动变化

这一观点同样能够通过图 6.4 中利率变动对短期跨境资本流动的脉冲响应曲线验证。一单位国内利率的正向冲击在短期内能够使资本流入，在中期使资本流出，长期影响基本为零。这是因为，提升国内利率会导致国内外利率之差在短期内扩大，因而吸收短期资本流入。但随着时间推移，由于国内外利率会向市场的均衡状态收缩，因此套利空间缩窄，降低了短期跨境资本的流入趋势。

图 6.5 显示，短期跨境资本流动与国内外利率的互动关系，在时点选取上考虑了中国利率市场化进程中的重要时点，选择 2004 年 10 月，2012 年 6 月，2013 年 7 月，2015 年 10 月共 4 个时点。2004 年 10 月，贷款利率的上浮幅度取消限制，存款利率下浮取消限制；2012 年 6 月，进一步提升利率浮动区间；2013 年 7 月，贷款利率的下限取消；2015 年 10 月，中国央行宣布取消金融机构存款利率上浮幅度限制。由图可知，2004 年取消贷款利率上浮限制和存款利率下浮限制后，短期跨境资本流入对国外利率的影响是负向的，对国内利率的影响是正向的。2012 年和 2013 年进一步扩大利率浮动空间后，短期跨境资本流入对国内外利率的影响均是正向的，冲击响应表现出显著的趋势性。2015 年，央行宣布取消存款利率上浮限制后，短期跨境资本流动对

国内外利率的冲击显著扩大,冲击持续期也同时增长。这表明,逐步取消利率的浮动限制,能够使得短期跨境资本流动规模增大。因此,需要密切关注跨境资本流量的变化。

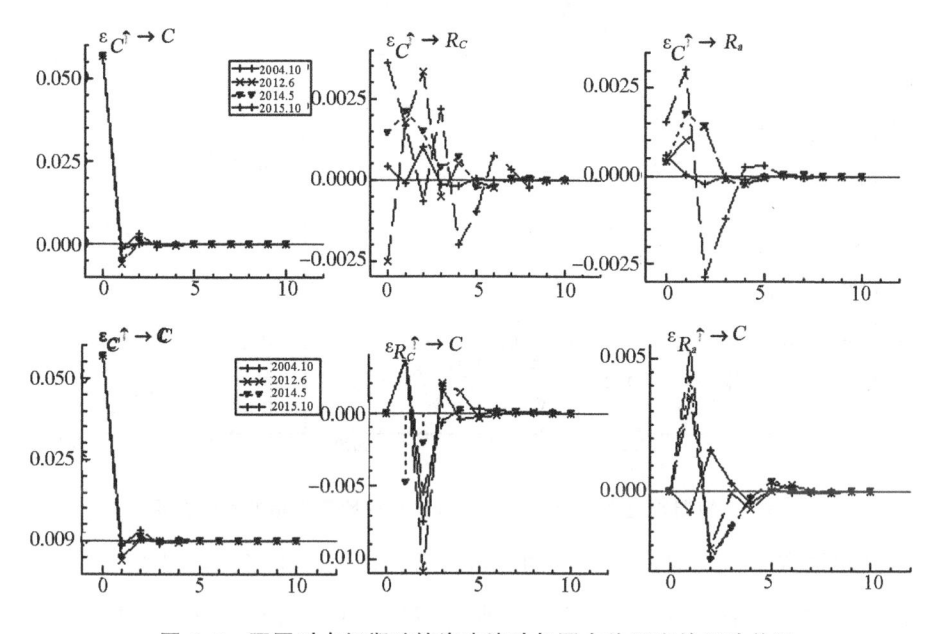

图 6.5 不同时点短期跨境资本流动与国内外利率的互动关系

三、短期资本流动的资产价格冲击

在资产价格冲击中,$y_t = [C, H, HP]^T$。图 6.6 为短期资本流动与股票价格和房地产价格的脉冲响应函数图。间隔冲击仍设定为 1—period,2—period,6—period。总体来看,股票价格的正向冲击能够在短期内使跨境资本流入,但中长期会使短期资本流出。这是因为,股票市场的投资风险较高,短期跨境资本需要承担风险,而当风险积累到一定程度时,如股价的波动性提升或股价出现短期暴涨或暴跌的情况,短期跨境资本外逃可能性将会大大提升。房地产价格的正向冲击对短期跨境资本流动的影响则表现为负向,仅在短期内有少部分的正向作用。从冲击强度来看,股票价格对短期资本流动的影响较房地产价格强。这表明,金融市场中,股票市场较房地产市场有更强的吸引力,股票价格上升可能会带来资本账户波动。

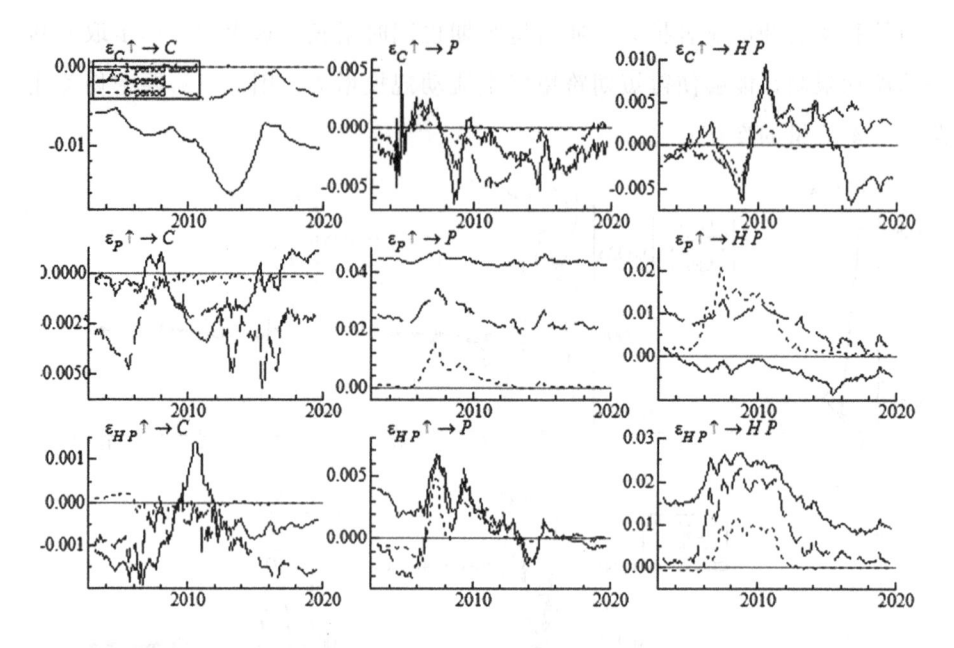

图 6.6　短期跨境资本流动与股票价格与房地产价格的互动关系

从短期资本流动对两个市场的冲击来看，房地产市场的波动在 2 个月左右的时间内会逐渐收缩。这表明，短期跨境资本冲击能够被相关房地产政策熨平，冲击越弱，衰减越快。而股票市场的波动在 6 个月左右的时间内才会收缩。这意味着，股票价格受短期资本流动的影响更强烈且更持久。

图 6.7 所示为不同时点上短期资本流动与资产价格的互动关系，时点选取的原则仍遵循选择市场中典型事件，比如选择 2003 年 6 月，央行出台文件对楼市进行调控，中国股票市场合格境外投资者 QFII 制度正式实行；2005 年 3 月，国八条"出台；2007 年 10 月，中国上证 A 股综合指数达到历史最高点；2011 年 1 月，房地产限购开始实行。而从 2011 年开始，人民币合格境外投资者 RQFII 制度开始试点。此后，逐渐放宽试点的机构类型以及投资者投资范围。2015 年 3 月，中央再次发布新政，降低购房成本。从股票市场重要时点冲击来看，从最初时点到 2007 年冲击影响的强度逐渐变强。这是因为，早期股市持续低迷的走势压缩了套价空间，在 2007 年 10 月以前，中国股票市场空前繁荣，上证指数不断创下新高。但随着金融危机到来，股票市场泡沫随之破裂，此后再未回到历史高点。而从人民币合格境外投资者制度

实行开始，短期资本流动与股票价格之间的相互冲击较以往更强烈。这是因为，随着 RQFII 的试点和扩张，股票市场吸引了短期跨境资本的部分关注。

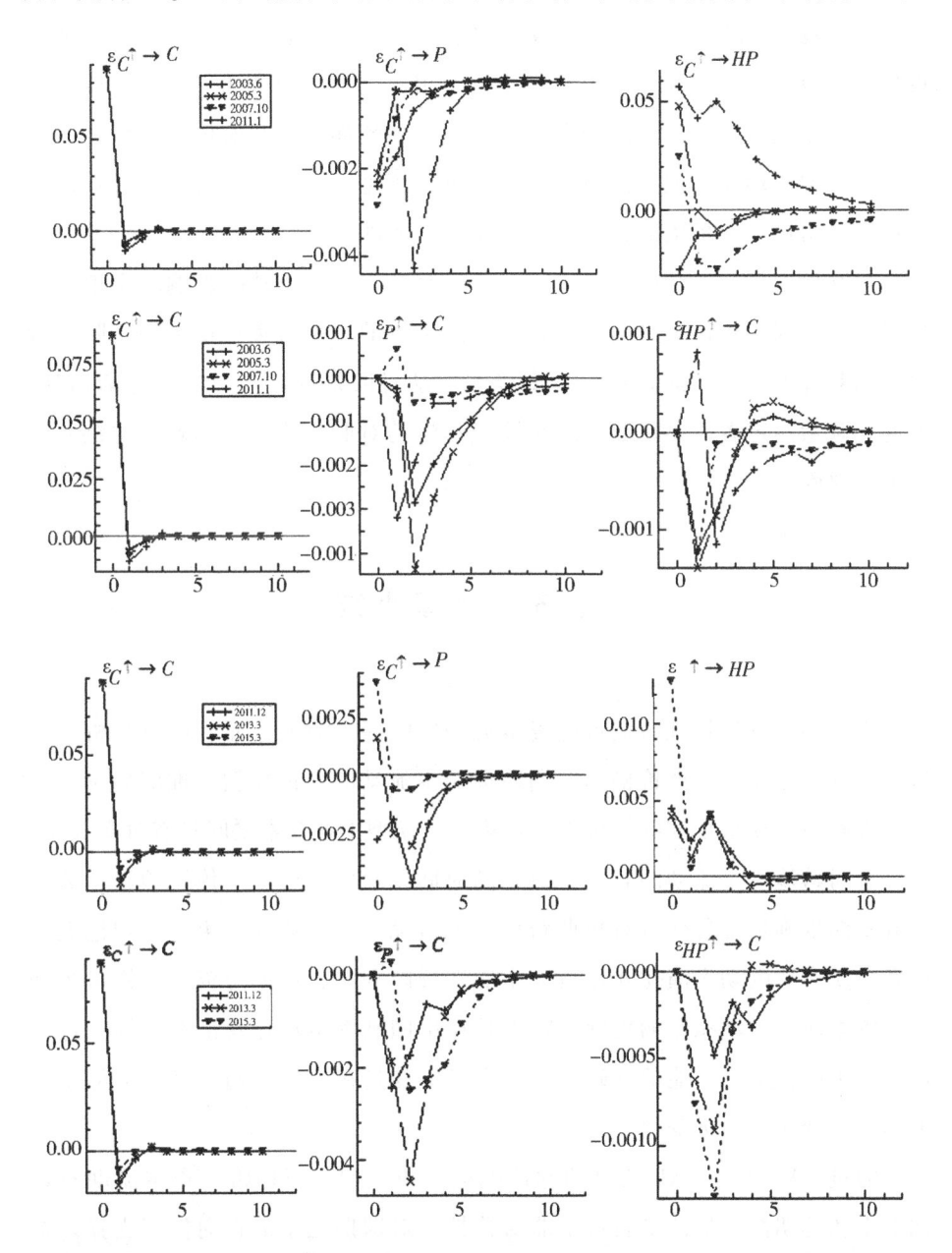

图 6.7 不同时点短期跨境资本流动与股票价格和房地产价格的互动关系

从房地产市场重要时点看，刺激政策或抑制政策实施对短期资本流动的影响泾渭分明，在刺激政策下，房地产市场的吸引力提高，短期资本流入；而在抑制政策下，房地产市场的吸引力降低，短期资本流出。这表明，中国房地产市场的政策效应是影响短期跨境资本流动的重要因素。目前，房地产价格依然以宏观调控为主，中国对房地产市场的管控也较为严格。因此，短期跨境资本在房地产市场的套利空间较小。虽然如此，政府依旧不能忽视短期跨境资本流动对房地产价格的冲击。可以预见，当房地产市场的管控措施放松后，房地产市场依旧会是短期跨境资本逐利的场所。

总结以上分析，可以发现：股票价格对短期资本流动的影响较房地产价格强，这是因为相比于股票市场，房地产市场的管控政策作用更强。随着股票市场对外渠道的开通，短期跨境资本流动对股票价格的影响也逐渐增加。因此，政策制定者需要密切监测跨境资本流动对股票价格的影响，防范系统性金融风险。

第五节　本章小结

本章中，首先梳理短期跨境资本流动影响因素研究，而后通过分析一个包含利率、汇率、资产价格和短期跨境资本流动的理论模型，推演变量之间的动态响应。模型推演的结果表明：第一，模型中各要素之间具有时变关系，各因素对跨境资本流动的影响参数是随时间变化的，因此，传统的常系数模型并不能准确描绘各变量对短期跨境资本流动的时变影响。第二，理论模型中各时变参数的动态演化和数值大小能够反映利率、汇率与资产价格对短期跨境资本流动的动态影响机制，特别是在中国利率市场化及汇率市场化进程逐步推进的情况下，能够准确刻画宏观经济变量在经济结构或经济形势变化下的突然变化或渐进变化。

通过 TVP-SV-VAR 模型的脉冲响应分析表明：短期跨境资本流动对即期汇率和远期汇率的冲击表现出非对称性，对即期汇率的正向作用更强，对远期汇率的负向作用更强。而即期汇率对短期资本流动的冲击则存在滞后性，但最终会回归均衡。远期汇率对短期资本流动的冲击会随着套汇空间缩窄而减弱。从中美利率与短期跨境资本流动的互动关系来看，随着利率市场化的深入，短期跨境资本流动的冲击显著增强，但由于中国与美国在利率市场化程度上的差异，美国在冲击的平抑时间上明显更快，中国则相对缓慢。最后，从短期跨境资本流动与资产价格互动的关系来看，在股票市场开放程度逐渐提高的背景下，股票市场成为吸引短期跨境资本流入的主要市场。同时需要注意的是，由于房地产市场的政策效应抑制了短期跨境资本流动冲击，因此同样需要关注短期跨境资本流动对房地产市场的影响。

因此，基于以上研究结果，笔者建议：进一步完善"宏观审慎＋微观审慎"的管理框架。自2008年金融危机以后，国际货币基金组织的各成员国普遍认为应建立包含宏观审慎管理、微观审慎管理以及行为监管的管理框架。中国应当从维护人民币汇率稳定出发，逆周期市场化调节跨境资本流动和外汇市场顺周期波动，防止跨境资本流动冲击导致系统性金融风险。另外，坚持功能监管理念，依法依规维护外汇市场秩序，严厉打击跨境套利和违法违规行为，并保持监管政策和执行标准的跨周期稳定性、一致性和可预测性。

而对与跨境资本流动规模的监测也应该成为相关监测中的重要部分，特别是隐性跨境资本流动规模，需要进一步加强监测。在现阶段即要开放又要存在管制的情况下，贸易伪报、地下钱庄、外商投资渠道等可能存在隐性跨境资本流动。因此，针对贸易伪报需要加强海关对全球贸易品价格的掌握，定期测算贸易预收款的偏离，完善大额货款的登记追踪制度。针对外商投资产生的隐性跨境资本流动，应该注意外债管理，防止直接投资中利用这一渠道进行伪装的跨境资本流动。针对地下钱庄产生的隐性跨境资本流动，重点是加强金融机构核查和监督，重点区域需要增加执法力度，配合司法部门，提高对于可疑资金流动的处理效率。

第七章　跨境资本流动、金融稳定与经济波动

　　跨境资本流动风险已逐渐成为影响一国金融体系稳定性和经济持续健康发展的重要因素。于是，对于短期跨境资本流动会否影响中国金融稳定的问题引发了越来越多的学者关注。特别是经历了多次金融危机以后，国际经验表明，虽然跨境资本能够在一定程度上成为对经济发展的有利因素，但是跨境资本的大幅流动将导致资产价格频繁变动，破坏金融稳定性，进而影响实体经济。因此，面对复杂多变的国内外金融经济形势，需要深入探究如何有效防范跨境资本流动波动对金融体系的冲击，如何完善宏观审慎管理框架和跨境资本流动管理体系，这对增强金融体系抗冲击的能力，维护中国金融安全和稳定具有理论价值和现实意义。

　　目前，针对金融稳定状况的研究仍在深入进行，但是在跨境资本流动、金融稳定状况与经济波动的研究中，金融稳定状况指标并不完全契合转型期中国的现实金融和经济情况。于是，本章中，第一节梳理跨境资本流动与金融稳定关系以及跨境资本流动如何影响经济增长和通货膨胀的文献；第二节归纳金融稳定状况指数测算的研究；第三节构建TVP-FAVAR模型，并对选取变量以及数据处理进行说明；第四节通过选取不同角度的数据，拟合中国金融稳定状况指数，进一步探究跨境资本流动对金融稳定以及经济波动的动态影响；最后为本章小结。

第一节　跨境资本流动、金融稳定与经济波动的研究脉络

一、跨境资本流动与金融稳定的研究进展

在相关文献中，跨境资本流动一般作为影响因素出现在金融稳定和经济波动的研究中，但将跨境资本流动作为主要研究对象，相关实证研究进展相对缓慢。因此，在本节中，首先梳理跨境资本流动与金融稳定关系的研究。而后，整理跨境资本流动与经济增长和通货膨胀之间关系的文献。

在梳理跨境资本流动对金融稳定影响的研究之前，有必要明确金融稳定的概念。金融稳定的概念最早源于 Minsky 提出的"金融不稳定"假说，从不稳定的角度定义了金融稳定的内涵，他认为研究不稳定比研究稳定更有意义，维护金融体系稳定在于消除不稳定因素对实体经济的作用。与 Minsky 的定义不同，更多的学者是从稳定角度的金融体系特征定义金融稳定，如 Van den End（2006）认为，金融稳定是货币市场、汇率市场、资产价格以及金融机构运行稳定的集合，Illing 和 Liu（2006）的观点与之类似。而另一些学者认为，金融稳定概念涵盖的范围是整个金融体系，而非单一市场的稳定（Schinasi，2003）。接下来，本节首先从两个角度——即金融体系整体和部分稳定，梳理跨境资本流动与金融稳定的相关研究。

在理解金融稳定概念的基础上，主要通过两个视角梳理相关研究。首先，一些研究是从金融体系的局部稳定出发，探究跨境资本流动对该部分稳定性的影响。在跨境资本流动与银行稳定性的研究中，McKinnon 和 Pill（1998）和 Calderon 和 Kubota（2012）的研究表明：短期资本大量流入会导致流入国信贷激增，进而加剧市场的流动性风险，影响银行体系稳定性。Bruno 和 Shin（2014）和 Lane 和 McQuade（2014）的研究进一步表明跨境资本流动与信贷增长之间具有相关关系。这意味着，如果跨境资本流量过大，导致银行信贷泡沫，可能造成金融的不稳定，甚至增加金融危机发生的可能性（李

魏和张志超，2010；Caballero，2016）。一些研究表明，信贷规模的快速增长是新兴市场国家发生银行危机和货币危机的关键要素（Terrones 和 Mendoza，2008；Gourinchas 和 Obstfeld，2012；Jorda 等，2011）。

在跨境资本流动与货币市场稳定性的研究中，干杏娣（2002）的研究表明：短期国际资本流动如果产生货币替代现象，将会对货币政策产生干扰。一些研究同样表明，大规模资本流入会降低货币政策独立性（尹宇明和徐彦斐，2009；周建珊，2013）。另外，Bouvatier（2010）基于中国数据的研究表明，国际资本流入会增加中国的国际储备，给国内货币市场流动性造成较大压力。而在跨境资本流动与外汇市场稳定性的研究中，Ibarra（2011）和 Aizenman 和 Binici（2016）的研究表明国际资本流入会造成本币升值。尤其是对新兴市场国家，直接投资对外汇市场的影响更大（Athukorala 和 Rajanpatirans，2003）。最后一部分研究，是针对跨境资本流动对股票市场和房地产市场稳定性的影响，Calvo（2012）的研究表明国际资本大规模融入会造成金融市场动荡，增强金融脆弱性。而对中国的研究表明，跨境资本流动对上证指数的影响较弱，原因是中国的资本账户管制较为严格（赵进文和张敬思，2013）。但在跨境资本流动对房地产市场稳定性影响的研究中，许多学者认为中国房地产价格的上涨部分原因是短期跨境资本流入规模的提升，跨境资本流动对中国房地产价格的冲击较强（赵文胜等，2011；李宗怡，2014）。

另一种考察短期跨境资本流动对金融稳定影响的角度，是将各金融部门结合在一起，从金融体系整体进行探究。在传统经济学范式下，推动金融开放有助于金融稳定，但多次危机表明，随着各国对外开放度的不断提升，金融脆弱性较高的国家更易受到投机性资本冲击，进而导致金融体系稳定性降低（Goldstein，1999）。于是，许多学者考虑如何从金融体系整体层面探究短期跨境资本流动对金融稳定的影响。鄂志寰（2000）的研究表明资本流动与金融稳定之间的关系随着全球金融市场融合度的提高得到显著增强，资本流动的风险已逐渐从宏观经济领域转向金融领域。范小云等（2018）的研究同样表明了这一观点，他们认为传统"货币三元悖论"正在向"金融三元悖论"转变，由于多元决策主体差异性以及国际货币的重要地位，衡量总量资本流动对金融稳定的影响更加重要。罗斯丹（2009）针对国际资本流动对金融稳定影响的传导机制进行研究，结果表明资本大规模流入会增强货币政策复杂性，进而影响金融稳定。而肖卫国等（2016）则通过构建包含金融因素的 DSGE 模型实证检验资本流动冲击和技术冲击下各政策组合防范风险的作用，研究表明宏观审慎政策能够有效抑制资本流动冲击，因此为维护金融稳定，需要不断完善宏观审慎框架。

二、跨境资本流动与经济波动的研究进展

跨境资本流动对经济增长影响的具体机制目前尚无定论，大致上，学者对于这一问题有三种观点。一是，许多学者的研究认为，资本的跨境流动能够吸引更多投资流入，促进发达国家和发展中国家经济增长。在 20 世纪 90 年代，发展中国家出现的资本回流使得这些国家逐渐从金融危机的阴影中走出来，经济逐步恢复（Calvo 等，1996）。而后，Gheeraert（2005）对不同国家资本流动量的研究表明，跨境资本流入能够提升国内投资和消费，进而拉动经济增长。持有相同观点的研究有 Devereux 和 Sutherland（2009），他们认为跨境资本流动能够通过国内不同的投资组合配置达到分散风险的目的，进而对经济产生促进作用。Monadjemi 等（2004）对国际资本流动变化的研究表明，资本流动性提升能够给发达国家经济带来积极影响。Fischer 和 Reisen（1994）和 Moore（2014）分别从金融开放和资本账户自由化的角度探究跨境资本流动的影响，结论是资本的自由流动能够减少货币政策的不对称传导，降低政府赤字。但同时，增长的外债能够推高金融体系脆弱性。二是，部分学者的研究表明，在不同条件下，跨境资本流动会使流入国产生经济负担，引起信贷规模激增，冲击金融体系，进而对实体经济造成冲击（Pill，1998；Edison，1997）。而从资本流动管理角度，Alfaro 等（2011）认为如果新兴市场经济体资本流入的控制机制有效，会减少经济脆弱性。三是，对发达国家和发展中国家的研究表明，跨境资本流动对发达国家的经济增长促进作用更强，而对发展中国家的促进作用较弱（Edward，2001）。

而从跨境资本流动对商品价格的影响来看，Sousa 和 Zaghini（2007）是从国际间货币政策传导角度入手，探究跨境资本流动对大宗商品价格的影响，研究表明流动性上升，价格水平也将持久上升。Belke 等（2010）考察 1970

年至 2008 年全球范围内货币、消费者价格和商品价格之间的相互作用。利用 OECD 国家数据和协整向量自回归（CVAR）框架，研究发现商品价格变化是由全球流动性驱动的。Czudaj 等（2014）的研究则认为全球流动性措施对不同商品价格的影响是显著的，并随时间而变化。针对中国数据的研究中，孙婉洁和臧旭恒（1995）外资流入的通货膨胀效应研究表明，引入外资对国内价格水平具有负面效应。凌江怀和李长洪（2012）的研究表明，在中国加入 WTO 以后，国际资本流动对国内物价的冲击更强。谭小芬等（2020）的最新研究通过 TVP-FAVAR 模型探究了全球流动性对国际大宗商品的影响，结果是数量指标衡量的全球流动性与中国大宗商品价格呈现正相关，特别是在 2008 年前后，这种作用较强。价格指标衡量的全球流动性与大宗商品价格负相关，在 2008 年危机时期，这一负向效应也同样加剧。

第二节 金融稳定状态指数测算的文献述评

针对本章研究内容，需要对中国金融稳定状态进行度量。因此，在本节中首先梳理金融稳定状态测算的相关文献，为后续具体测算作铺垫。最早对于金融稳定状态的度量起源于国际货币基金组织（IMF），1999 年起，在多个指标的基础上，国际货币基金组织测算金融稳定指数。但自 2001 年，为了评估一国或地区的金融体系稳健性和实际状况，国际货币基金组织给出了具体测算方案和框架。几乎是在同一时间，一些学者基于考察开放经济下货币政策传导的目标，构建了货币状况指数（Monetary Conditions Index，MCI）(Ball，1999)。基于这一指数，研究者不断丰富其内容，在 MCI 中加入利率、汇率、资产价格等因素，构建 G7 国家的金融状况指数（FCI）。其中，对各变量的权重运用向量自回归模型的脉冲响应函数来计算（Goodhart 和 Hofmann，2001；Goodhart 和 Hofmann，2002）。这些研究为后续关于金融状况指数的研究提供了理论框架基础。之后，该框架获得进一步完善，2006 年 IMF 推出《金融稳健指标编制指南》，为各国进行金融稳定状态分析建立了标准。

而后，通过调整指数中的变量以及变量的动态权重，许多学者对金融状况指数（FCI）进行了展开。比如 Swiston（2008）和 Montagnoli 和 Napolitano（2005）分别运用基于向量自回归模型（VAR）和卡尔曼滤波法构建金融状况指数。学者引用较多的文献是 Van den End（2006），该研究在金融状况指数的基础上，通过加入股价波动指数和金融机构偿付能力，建立代表一国金融稳定状态的金融稳定状态指数 FSCI。随着模型进一步拓展，一些学者运用动态因子模型（DFM）将欧元区国家与美国的金融关联度纳入指标构建的模型中，这样的指数构建方法的优点是模型中的变量数量可以不受到限制（Breiyung 和 Eickmeier，2011；Matheson，2012；Bates 等，2013）。最近的研究中，Hatzius 等（2010）以及 Koop 和 Korobilis（2014）分别运用不同的方法基于美国数据构建危机后新的金融状况指数。总的来说，在国外对金融稳定指数的研究中，由于不同模型的自由度以及估计的指数权重不尽相同，很多观测指标不能完整地展示理论中变量的特征。另外，许多研究侧重于探究金融稳定中的不同侧面，因此在选取相关数据上，可能存在信息缺失。

基于以上原因，国内的研究较少直接采用 IMF 框架或基于 IMF 框架拓展的模型来进行测算。另一个原因是，《金融稳健指标编制指南》中，如部门贷款比贷款总额、非利息支出比收入总额等一些关键指标，国内没有相关数据统计。因此，国内学者一般通过其他方法构建中国金融稳定指数。比如王维国等（2011）、卜永祥和周晴（2004）基于 MCI 指数分别通过 AD-AS 模型和菲利普斯曲线构建金融状况指数，但仅纳入货币供应因素的设计显然并不全面。李建军（2008）则是在指标中纳入未观测跨境流动资金与贸易总额之比和未观测净金融投资与 GDP 之比替代黑市汇率与民间利率，为金融状况指数构建带来了新的思路。而对于模型中变量的权重变化，郭晔和杨娇（2012）运用结构向量自回归模型（SVAR）的脉冲响应函数确定变量权重，但显然不时变的模型参数并不符合中国现实经济和金融体系运行。于是，周德才等（2015）运用 MI-TVPSVVAR 模型构建了灵活的动态金融状况指数，但研究中运用的变量集合缺乏对于金融机构经营、资本流动性以及贸易等方面的数据。区别于前述文献，刁节文和章虎（2012）确定变量权重的方法是状态空间估计和卡尔曼滤波估计。总体来看，构建中国金融稳定状态指数需要模型满足如下条件：一是，模型中需要参数具有时变性，以满足估计变量动态权重的要求；二是，模型需要扩大变量的数量,也就是说,变量的涵盖范围要继续扩大。

根据研究的需要,在研究中引入增广因子时变参数向量自回归模型(TVP-FAVAR)构建中国金融稳定指数。该模型的基础是动态因子模型,Stock 和 Watson(2002,2005)的研究表明,宏观经济变量以及金融因素的变化可以通过少数动态因子来描述。基于这一研究,许多学者尝试扩大向量自回归模型的变量个数,于是,他们选择将 DFM 模型与 VAR 模型结合。Bernanke 和 Boivin(2003)先是通过动态因子模型估计美国的货币政策反应,然后 Bernanke 等(2005)通过建立增广因子向量自回归模型刻画货币政策反应特征。然而 FAVAR 模型无法刻画变量之间随时间变化的时变关系,因此,Korobilis(2009)在模型中引入时变参数,将模型拓展为 TVP-FAVAR 模型,而后 Korobilis(2013)运用该模型估计货币政策冲击的传导机制,Del Negro 和 Otrok(2008)实证检验了国际经济周期的变化。该模型能满足中国金融稳定指数构建过程中的两个条件,即模型满足参数随时间变化,满足扩大变量数量的需求。因此模型能够刻画变量之间的时变特征,也能够将变量信息集中为少数动态因子,进而根据中国现实经济和金融体系运行情况,通过模型体现一定时期内金融变量发生的结构性变化。另外,模型仍然能够通过脉冲响应函数来确定指数中各变量的权重。为避免因选择观测变量的内生性导致的多重共线性问题,模型迭代能够将观测变量转变为共同因子。

第三节 TVP-FAVAR 模型、变量说明及数据处理

一、TVP-FAVAR 模型简述

模型是由基本的增广因子向量自回归(FAVAR)模型拓展而来的,FAVAR 模型的标准表达式为:

$$\begin{bmatrix} F_t \\ Y_t \end{bmatrix} = B_1 \begin{bmatrix} F_{t-1} \\ Y_{t-1} \end{bmatrix} + \cdots + B_p \begin{bmatrix} F_{t-p} \\ Y_{t-p} \end{bmatrix} + v_t \qquad (7.1)$$

其中,F_t 为潜在因子构成的 $K \times 1$ 维向量,Y_t 为可观测变量和构建金融稳定

状态指数变量构成的 $L \times 1$ 维向量，B_i 是 $(K+L) \times (K+L)$ 阶系数矩阵，$i = 1, \cdots, p$，$v_t \sim N(0, \Omega)$，Ω 是 $(K+L) \times (K+L)$ 阶协方差矩阵。

F_t 可构成如下等式：

$$X_t = \Lambda^f F_t + \Lambda^y Y_t + e_t \quad (7.2)$$

等式（7.2）中，X_t 是 $N \times 1$ 阶向量，$K+L \ll N$，Λ^f 是 $N \times K$ 阶 F_t 的因子载荷矩阵，Λ^y 则是 $N \times L$ 阶 Y_t 的因子载荷矩阵。另外，$e_t \sim N(0, H)$，$H = \mathrm{diag}(\exp(h_1), \cdots, \exp(h_N))$。模型假设 e_t 与 F_t 不相关，本身也没有自相关，$E(e_{i,t} F_t) = 0, E(e_{i,t} e_{j,s}) = 0, i, j = 1, \cdots, N, t, s = 1, \cdots, T, i \neq j, t \neq s$。等式(7.2)中所有 B_i 是不时变的。

然后，模型可以通过将参数转变为时变参数，进而得到 TVP-FAVAR 模型。因此，时变的因子向量自回归模型可以改写为：

$$\begin{bmatrix} F_t \\ Y_t \end{bmatrix} = B_{1,t} \begin{bmatrix} F_{t-1} \\ Y_{t-1} \end{bmatrix} + \cdots + B_{p,t} \begin{bmatrix} F_{t-p} \\ Y_{t-p} \end{bmatrix} + v_t \quad (7.3)$$

等式（7.3），$B_{i,t}$ 转变为 $M \times M$ 阶时变系数矩阵，$i = 1, \cdots, p$，$t = 1, \cdots, T$，$v_t \sim N(0, \Omega_T)$，$M = K + L$。

等式（7.2）因子方程和等式（7.3）时变参数 FAVAR 方程是 TVP-FAVAR 模型的主体结构，进一步分解协方差矩阵 Ω_t：

$$A_t \Omega_t A_t' = \sum\nolimits_t \sum\nolimits_t' \quad (7.4)$$

$$\Omega_t = A_t^{-1} \sum\nolimits_t \sum\nolimits_t' (A_t'^{-1}) \quad (7.5)$$

等式（7.5）中，$\sum_t = \mathrm{diag}(\sigma_{1,t}, \cdots, \sigma_{M,t})$。

根据 Primiceri（2005），A_t 的结构如下：

$$A_t = \begin{bmatrix} 1 & 0 & \cdots & 0 \\ a_{21,t} & 1 & \ddots & \vdots \\ \vdots & \ddots & \ddots & 0 \\ a_{M1,t} & \cdots & a_{M(M-1),t} & 1 \end{bmatrix} \quad (7.6)$$

A_t 是下三角矩阵。将系数矩阵变为：$B_t = (\mathrm{vec}(B_{1,t})', \cdots, \mathrm{vec}(B_{p,t})')'$，$\log \sigma_t = (\log \sigma'_{1,t}, \cdots, \log \sigma'_{M,t})$，$a_t = (a'_{j1,t}, \cdots, a'_{j(j-1),t})'$，$j = 1, \cdots, M$。假定 $B_t, a_t, \log \sigma_t$ 是随机游走的（Koop 等，2009；Korobilis，2013），

$$B_t = B_{t-1} + J_t^B \eta_t^B$$
$$\alpha_t = \alpha_{t-1} + J_t^\alpha \eta_t^\alpha \quad (7.7)$$
$$\log\sigma_t = \log\sigma_{t-1} + J_t^\sigma \eta_t^\sigma$$

等式（7.7）中，$\eta_t^\theta \sim N(0, Q_\theta)$，相互之间独立。$J_t^\theta$ 是 0 或 1，$J_t^\theta = 0$ 参数不时变，$J_t^\theta = 1$ 参数时变。$\theta_t \in \{B_t, \alpha_t, \log\sigma_t\}$，参数 B_t、α_t 和 $\log\sigma_t$ 的协方差矩阵是 Q_θ。

模型的脉冲响应函数表示如下：

$$G_t = \Lambda Z_t + W u_t^G \quad (7.8)$$

$$Z_t = B_t(L) Z_t + A_t^{-1} \sum_t u_t^Z \quad (7.9)$$

$W = \mathrm{diag}(\exp(h_1/2), \cdots, \exp(h_N/2), \cdots, \exp(H_N/2), 0_{1\times L}), G_t' = [X_t', Y_t']$，$Z_t' = [F_t', Y_t'], WW' = [H, 0'_{1\times L}]', \Lambda = \begin{bmatrix} \Lambda^f & \Lambda^y \\ 0_{L\times K} & I_L \end{bmatrix}, B_t(L) = B_{1,t}L + \cdots + B_{p,t}L^p, u_t^G$ 和 u_t^Z 相互独立，均服从标准正态分布。

模型向量移动平均 VMA 可以表示为：

$$G_t = \Lambda \widetilde{B}_t(L)^{-1} A_t^{-1} \sum_t u_t^Z + W u_t^G = \Delta_t(L) \zeta_t \quad (7.10)$$

$\widetilde{B}_t(L) = I - B_t(L)$，$\zeta_t \sim N(0, 1)$。等式（7.10）是 TVP-FAVAR 模型的脉冲响应函数。

二、TVP-FAVAR 模型估计

TVP-FAVAR 模型估计是两步法估计，第一步是主成分分析（PCA），第二步是在第一步的基础上提取潜在因子（Doz 等，2011）。即首先用 PCA 从经济变量中获取前几个主成分组成潜在因子 F_t，然后用 MCMC 算法估计模型参数。在 PCA 中，一般有两种方法识别潜在因子。一是在 X_t 中区分缓慢变化和快速变化两类变量，而后对 X_t 和缓慢变化的变量进行 PCA 分析，提取前几个主成分构成一个集合 PC_t 和 PC_t^S（Bernanke 等，2005）。通过估计 $PC_t = \beta_S PC_t^S + \beta_Y Y_t + \mu_t$，可以获得估计的潜在因子 F_t：$\hat{F}_t = PC_t - \beta_Y Y_t$。最后，代入等式（7.3）估计模型参数。另一种办法是先把 X_t 分为若干组，然后对每一组进行 PCA 分析，获取潜在因子 F_t（Belviso 和 Milani，2005）。

即 $X_t^1, X_t^2, \cdots, X_t^I, \sum_{i=1}^{I} N_i = N, X_t^i$ 是 $N_i \times 1$ 维向量。获得的潜在因子 F_t 也有若干组，$F_t^1, F_t^2, \cdots, F_t^I, \sum_{i=1}^{I} K_i = K, F_t^i$ 是 $K_i \times 1$ 维向量。最后，将所有潜在因子 $F_t^1, F_t^2, \cdots, F_t^I$ 带入等式（7.3）估计模型参数。

因此，模型的形式变成：

$$x_t = z_t \Lambda_t + u_t, u_t \sim N(0, V_t)$$
$$z_t = z_{t-1} \beta_t + \varepsilon_t, \varepsilon_t \sim N(0, Q_t)$$
$$\lambda_t = \lambda_{t-1} + \nu_t, \nu_t \sim N(0, W_t)$$
$$\beta_t = \beta_{t-1} + \eta_t, \eta_t \sim N(0, R_t)$$

其中，$\lambda_t = ((\lambda_t^y)', (\lambda_t^f)')'$，$z_t = \begin{bmatrix} y_t \\ f_t \end{bmatrix}$。$\tilde{f}_t$ 是 f_t 的标准主成分估计，基于 x_t（使用时间 t 之前的数据），$\tilde{z}_t = \begin{bmatrix} y_t \\ \tilde{f}_t \end{bmatrix}$。如果 a_t 是一个向量，那么 $a_{i,t}$ 是那个向量的第 i 个元素；如果 A_t 是一个矩阵，$A_{ii,t}$ 是 A_t 的第 (i, i) 个元素。

具体估计算法需要初始化所有的状态变量。特别地，需要为所有系统未知参数定义了以下初始条件：

$$f_0 \sim N(0, \sum_{0|0}^{f})$$
$$\lambda_0 \sim N(0, \sum_{0|0}^{\lambda})$$
$$\beta_0 \sim N(0, \sum_{0|0}^{\beta})$$
$$V_0 \equiv 1 \times I_n$$
$$Q_0 \equiv 1 \times I_{s+1}$$

算法步骤如下：

（1）给出初始条件，$z_t = \tilde{z}_t$ 获得 λ_t、β_t、V_t 和 Q_t 过滤后的估计值，对于 $t = 1, \cdots, T$，使用如下递归。

①卡尔曼滤波：

$$\lambda_t \mid \text{Data}_{1, t-1} \sim N(\lambda_{t|t-1}, \sum_{t|t-1}^{\lambda})$$
$$\beta_t \mid \text{Data}_{1, t-1} \sim N(\beta_{t|t-1}, \sum_{t|t-1}^{\beta})$$

其中，$\lambda_{t|t-1}=\lambda_{t-1|t-1}$，$\sum_{t|t-1}^{\lambda}=\sum_{t-1|t-1}^{\lambda}+\widehat{W}_t$，$\beta_{t|t-1}=\beta_{t-1|t-1}$，$\sum_{t|t-1}^{\beta}=\sum_{t-1|t-1}^{\beta}+\widehat{R}_t$。扰动项协方差是使用遗忘因子估计的：$\widehat{W}_t=(1-\kappa_3^{-1})\sum_{t-1|t-1}^{\lambda}$，$\widehat{R}_t=(1-\kappa_4^{-1})\sum_{t-1|t-1}^{\beta}$。

② 使用如下 EWMA 规范计算 V_t 和 Q_t 的估计值，为了在更新步骤中使用：

$$\widehat{V}_{i,t}=\kappa_1 V_{i,t-1|t-1}+(1-\kappa_1)\widehat{u}_{i,t}\widehat{u}'_{i,t}$$

$$\widehat{Q}_t=\kappa_2 Q_{t-1|t-1}+(1-\kappa_2)\widehat{\varepsilon}_t\widehat{\varepsilon}'_t$$

其中，

$$\widehat{u}_{i,t}=x_{i,t}-\widetilde{z}_t\lambda_{i,t|t-1} \text{ 对于 } i=1,\cdots,n, \widehat{\varepsilon}_t=\widetilde{z}_t-\widetilde{z}_{t-1}\beta_{t|t-1}$$

③ 使用卡尔曼滤波更新步骤更新 λ_t 和 β_t，给出在时间 t 的信息

$$V_{i,t|t}=\kappa_1 V_{i,t-1|t-1}+(1-\kappa_1)\widehat{u}_{i,t|t}\widehat{u}'_{i,t|t}$$

$$Q_{t|t}=\kappa_2 Q_{t-1|t-1}+(1-\kappa_2)\widehat{\varepsilon}_{t|t}\widehat{\varepsilon}'_{t|t}$$

其中，$\widehat{u}_{i,t|t}=x_{i,t}-\widetilde{z}_t\lambda_{i,t|t}$，对于 $i=1,\cdots,n$，$\widehat{\varepsilon}_{t|t}=\widetilde{z}_t-\widetilde{z}_{t-1}\beta_{t|t}$。

(2) 获得 λ_t、β_t、V_t 和 Q_t 的平滑估计值，对于 $t=T-1,\cdots,1$，使用如下递归：

① 使用固定间隔平滑更新 λ_t 和 β_t，给出在时间 $t+1$ 的信息

从 $\lambda_{it}\mid \text{Data}_{1:T}\sim N(\lambda_{i,t|t+1},\sum_{ii,t|t+1}^{\lambda})$ 更新 $\lambda_{i,t|t+1}$，对于每一个 $i=1,\cdots,n$。

$\lambda_{i,t|t+1}=\lambda_{i,t|t}+C_t^{\lambda}(\lambda_{i,t+1|t+1}-\lambda_{i,t+1|t})$，$\sum_{ii,t|t+1}^{\lambda}=\sum_{ii,t|t}^{\lambda}+C_t^{\lambda}(\sum_{ii,t+1|t+1}^{\lambda}-\sum_{ii,t+1|t}^{\lambda})C_t^{\lambda'}$，$C_t^{\lambda}=\sum_{ii,t|t}^{\lambda}(\sum_{ii,t+1|t}^{\lambda})^{-1}$。

从 $\beta_t\mid \text{Data}_{1:T}\sim N(\beta_{t|t+1},\sum_{t|t+1}^{\beta})$ 更新 β_t

$$\beta_{t|t+1}=\beta_{t|t}+C_t^{\beta}(\beta_{t+1|t+1}-\beta_{t+1|t}),$$

$\sum_{t|t+1}^{\beta}=\sum_{t|t}^{\beta}+C_t^{\beta}(\sum_{t+1|t+1}^{\beta}-\sum_{t+1|t}^{\beta})C_t^{\beta'}$，$C_t^{\beta}=\sum_{t|t}^{\beta}(\sum_{t+1|t}^{\beta})^{-1}$。

② 使用如下等式更新 V_t 和 Q_t，给出在时间 $t+1$ 的信息

$$V_{t|t+1}^{-1}=\kappa_1 V_{t|t}^{-1}+(1-\kappa_1)V_{t+1|t+1}^{-1}$$

$$Q_{t|t+1}^{-1}=\kappa_2 Q_{t|t}^{-1}+(1-\kappa_2)Q_{t+1|t+1}^{-1}$$

(3) f_t 的均值和方差由描绘在前面步骤中能够使用标准卡尔曼滤波和平滑获得的 λ_t、β_t、V_t 和 Q_t 的近似估计给出。

三、变量选取、数据处理与中国金融稳定指数态势

根据本章的研究内容,首先选取各方面的数据用于拟合中国金融稳定指数。考虑到相关影响因素以及以往的研究文献,在指标选择上既要选取常规变量也要考虑中国经济实际情况,因此除选取的基本变量以外,基于研究需要,在变量中加入资本流动因素。指标选取情况如表7.1所示。由于不同数据的统计口径有所不同,将样本区间统一为2004年9月至2019年9月,一些季度数据可通过转频的方式转换为月度数据。总体来看,共选择26个指标,192个时点。数据来源于中经网统计数据库,Wind数据库。

表7.1 拟合中国金融稳定指数的指标选取

指标名称	指标选取
利率	银行间同业拆借利率和回购利率、存贷款利率(不同期限)
汇率	美元兑人民币、欧元兑人民币、日元兑人民币即期汇率的月度均值
股价指数	上证综指、上证A股指数、沪深300等8个指标
房价指数	70个大中城市新建住宅同比
宏观经济	国内信贷总量,M_1、M_2季度数据,贸易差额季度数据,实际GDP、CPI,M_2与外汇储备之比
资本流动	短期跨境资本流动,实际使用外商直接投资

在数据处理上,为避免伪回归,所有均经过平稳性检验,在5%水平上,时间序列的一阶差分序列具有平稳性。具体的检验结果不在此具体列示。于是,在模型中对数一阶差分后的时间序列是基础变量序列和跨境资本流动序列。另外,选用房价指数的原序列,选用实际利用外商投资和贸易差额的对数二阶差分后的时间序列。

而后,通过TVP-FAVAR模型拟合中国金融稳定指数。从图7.1中国金融稳定指数的走势来看,指数从2007年年中时开始下降,由于2008年美国次贷危机集中爆发,因此导致中国受到强烈外部冲击,金融体系稳定性迅速下降。之后,金融稳定指数持续上升,但在上升过程中,受到不同时期重大经济事件的冲击,稳定性略有波动,直到2015年年初,金融稳定性才有一个持续时间较短的"V"型走势。在2016年后,随着金融体系加强监管以及宏

观经济政策由去杠杆向稳杠杆转变，中国金融稳定继续增强并处于高位区间。但从样本末期指数的走势来看，未来中国金融稳定可能面临下降的趋势，因此需要密切关注金融体系稳定性的变化。

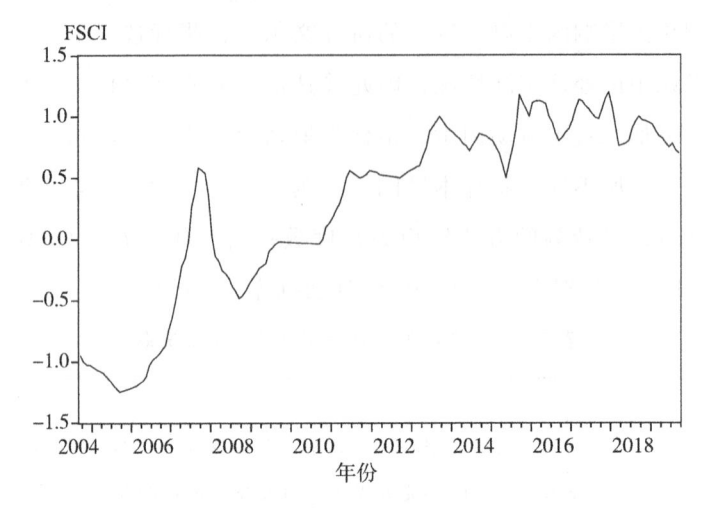

图 7.1　中国金融稳定状态指数 FSCI 走势图

第四节　跨境资本流动、金融稳定与经济波动的动态分析

通过 TVP-FAVAR 模型，笔者拟合了中国金融稳定指数。接下来，通过模型的脉冲响应函数，进一步实证分析跨境资本流动、金融稳定与经济波动之间的动态关系变化。在脉冲响应时点选取上，为了覆盖全样本空间，本节中的时点包括从 2004 年 9 月开始到 2018 年 9 月结束中间各年的 9 月份，共 15 个时点。

一、跨境资本流动对金融稳定的影响动态

图 7.2 所示为跨境资本流动对中国金融稳定影响的脉冲函数曲线，总体来看，2015 年以前，跨境资本流动的一单位正向冲击对中国金融稳定的影响是负向的，而 2015 年后包括 2015 年的时点冲击中，跨境资本流动的以单位正向冲击对中国

金融稳定的影响总体变为正向。这表明，在 2015 年以前，跨境资本流入会对金融稳定产生消极影响，2015 年后，跨境资本流入则会对金融稳定产生积极影响。

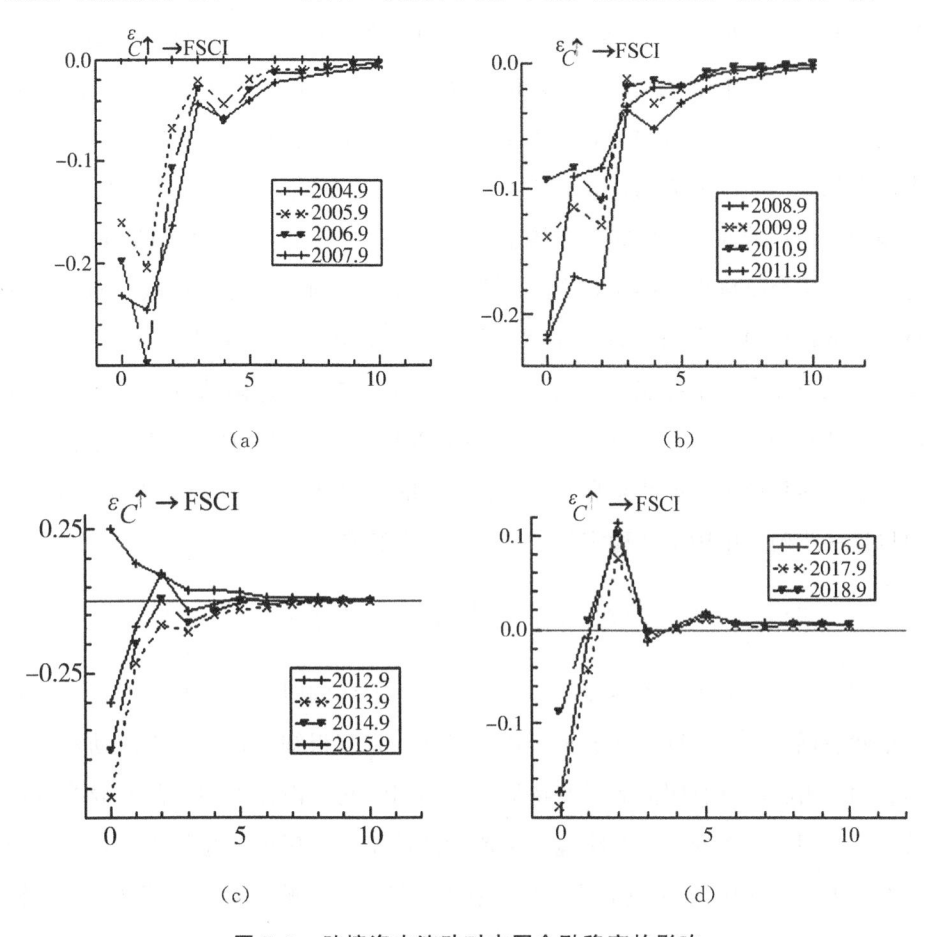

图 7.2　跨境资本流动对中国金融稳定的影响

这是因为，在 2015 年以前中国金融稳定指数一直处于稳步上升状态中，但仍处于相对低水平的状态。但在 2015 年金融市场经历短期震荡以后，金融稳定状态在短暂下坠之后，重新进入增强过程，并一直保持在相对高水平的区间内。因此，跨境资本流动对金融稳定的冲击影响方向出现了反转。这也表明，近年来，中国金融稳定性水平已经得到显著提升，这对防范风险、化解外部冲击非常有利。

从冲击相应的强度来看，在 2008 年以前，冲击响应在第 1 期到达负向峰值，而后向 0 轴收缩，收缩过程呈现凸函数的走势，最终在 0 线下方收缩。而在2008年至2011年的时点冲击中,冲击响应在第0期即为负向峰值,而后经历3个月左右的震荡,向0线收缩,收缩期同样呈现近似凸函数走势,最终收缩于0线下方。但在2011年到2014年的冲击中,冲击响应强度明显增大,并且存在围绕0线上下波动的态势,最终脉冲响应函数收缩于0线。而2015年开始的冲击则在大部分时间内表现为正向影响,但冲击强度是从2015年冲击后逐渐减弱的。这些结果表明,在2011年以前,由于金融体系的稳定性水平较低,跨境资本流动的冲击是威胁金融体系稳定性的一个重要因素,特别是在2008年左右,由于金融危机的影响,金融体系稳定性面临前所未有的挑战。而在经济逐渐复苏过程中,中国金融稳定状态得到回升,在面对跨境资本流动冲击时,金融体系对冲击的平抑能力增强。因此,冲击响应能够逐渐从0线下方收缩逐渐转向从0线甚至0线上方收缩。另外,2015年后冲击强度明显下降能够表明,金融体系稳定目前状态良好,结合拟合的中国金融稳定状态指数的走势图,可以进一步确定中国金融稳定处于一个相对平稳的区间。

二、跨境资本流动对经济发展的影响动态

图7.3所示为跨境资本流动对经济增长率变化的时点冲击响应,选取的时点依然遵循最初的原则,即覆盖全样本空间。观察得知,跨境资本流动对经济增长的冲击响应具有明显的时变特征,在不同时间段内冲击响应的差异非常显著。这表明,经济变化面对跨境资本流动的冲击是敏感的。总体来看,冲击响应在2012年以前的表现具有耦合性,在第1期冲击影响为负向,第2期立即转为正向,第3期再次转为负向后,逐渐向0线收缩,最后收缩于0线上方。其中,2008年的冲击强度明显强于其他时点冲击,具体原因不再赘述。

但在2012年以后,跨境资本流动对经济增长的冲击影响则陆续出现变化,观察图7.3(c)以看出,从2013年的时点冲击开始直到2015年,冲击影响是从负向向正向转变,并不是之前冲击从正向向负向转变。这可能是由于,在金融危机之后,经济虽然逐渐复苏,但由于经济结构需要进行调整,中国经济进入转型期并向新常态过渡。在过渡期间,跨境资本流动对经济增长的正向作用不强。到2016年以后,中国经济转型进入稳定期,通过供给侧改革以及去杠杆等政策的实施,跨境资本流动对经济增长的影响回复。于是,

2016 年以后冲击响应幅度扩大。另外值得注意的是，2016 年以后的冲击最后收缩于 0 线上方，强度在 0.05 左右，相对于前述冲击，收缩位置与 0 线之间的宽度明显加大。这是因为，随着经济结构的调整，跨境资本流动对经济增长的作用更多偏向于积极作用，这对于我们来说是非常有利的信号。这意味着，现阶段可以通过相关措施，增大跨境资本流入，进一步促进经济增长。

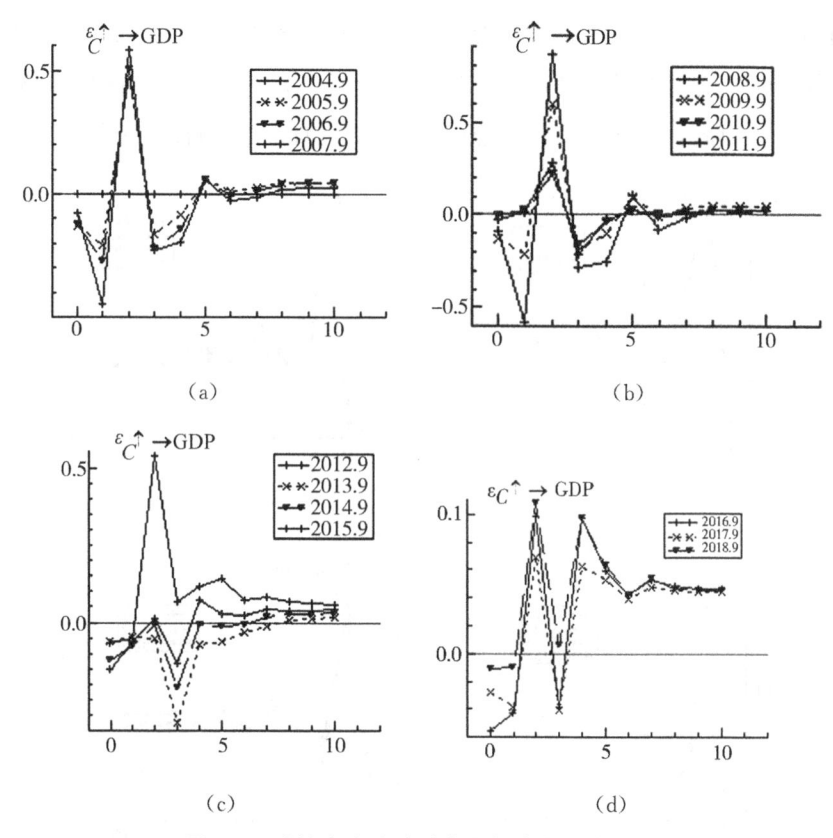

图 7.3 跨境资本流动对中国经济增长的影响

而从冲击响应的强度来看，2012 年以前，冲击的峰值一般在 0.5 以上，在 2012 年以后，冲击峰值下降在 0.1 左右。这表明，跨境资本流动对经济增长的影响在减弱。这意味着，虽然经济增速不及以往，但随着中国经济增长的质量提高，在应对跨境资本流动冲击上，实体经济的防御力增强了。

三、跨境资本流动对商品价格的影响动态

跨境资本流动对一国商品价格的影响是研究者忽视的内容。图 7.4 所示

为跨境资本流动对中国 CPI 的影响，CPI 反映一国商品的价格，是衡量价格水平变动的重要宏观经济指标。总体来看，跨境资本流入对 CPI 的冲击影响是正向的。这印证了传统意义上，跨境资本流入会使流入国物价上升的观点。从冲击响应的波动态势来看，在第 1 期冲击达到峰值，在第 2 期迅速下降，之后缓慢回升并最终逐渐收敛，冲击响应表现出明显的趋势变化。这表明，中国物价面对跨境资本流动冲击是敏感的。在中国 2001 年加入 WTO 以后，中国物价水平有所提升，随着各国贸易日益紧密，商品价格与国外价格的同步性提升。因此，较之以往，跨境资本流动对物价冲击可能更加值得关注。

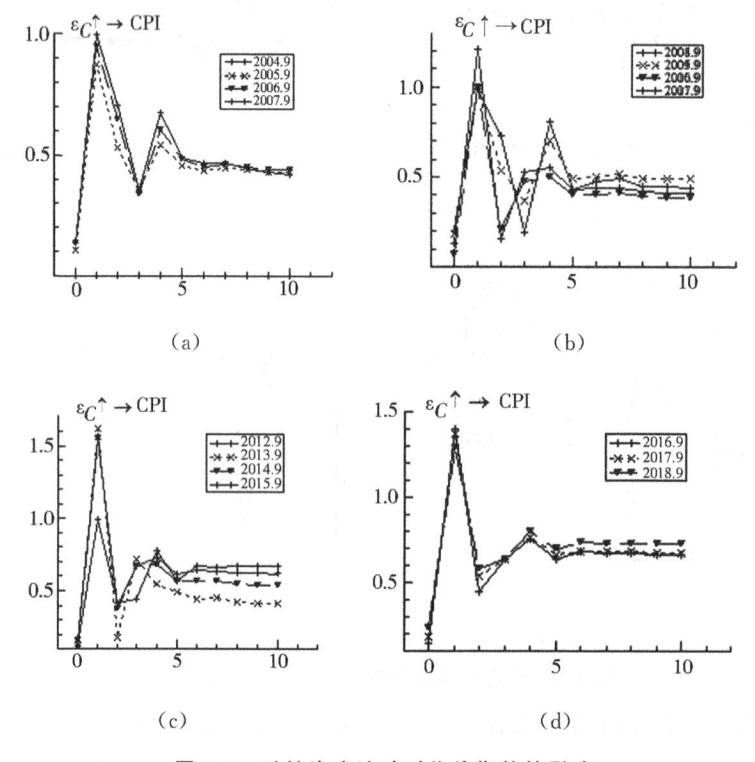

图 7.4　跨境资本流动对物价指数的影响

从冲击响应的强度来看，2008 年以后，跨境资本流动冲击均在 1.5 以上，处于较高水平。这表明，跨境资本流动已经成为影响物价指数的重要因素。另外，冲击响应收缩期虽然较长，但最终收缩于 0 线上方，强度约为 0.5，并且在整个样本期间内，冲击响应的收缩强度一直在这一水平。这暗示跨境资本流入对 CPI 的冲击并不会随着时间的推移逐渐收敛，而是一直会引起通货膨胀率提升。因此，在跨境资本流动管理中，应当关注跨境资本流动对商品价格的影响，防止大规模流入对国内大宗商品价格的冲击。

第五节 本章小结

本章中，首先梳理跨境资本流动与金融稳定、经济波动关系的研究，而后通过构建 TVP-FAVAR 模型，拟合中国金融稳定指数，实证分析跨境资本流动对中国金融稳定和经济波动的影响。从拟合的中国金融稳定指数走势中，可以得出的结论是：自 2008 年以后，中国金融体系稳定性一直处于稳步上升过程中，虽然在 2015 年金融稳定性有所波动，但目前中国金融稳定性水平仍处于相对较高的区间内。而对跨境资本流动与金融稳定和经济波动的脉冲响应分析中，可以得出结论：第一，伴随中国金融稳定性提升，跨境资本流动对金融稳定的冲击影响减弱，金融体系防范风险、化解外部冲击的能力增强；第二，短期跨境资本流动对经济增长的影响在现阶段更多是积极作用，这表明中国经济转型已经具有初步成效，经济结构合理性提升；第三，跨境资本流动对物价水平的冲击不会随着时间的推移收敛于 0，这证明跨境资本流动是影响商品价格的重要因素，需要密切关注。

根据以上研究结论，可以进一步向跨境资本流动管理和金融体系稳定引申。从金融稳定角度来看，相关部门应该建立动态金融稳定指数体系，并进行定期测算，实时公布。因为，只有动态的金融稳定指标才能够反映中国金融体系现实情况，而定期测算和公布能够最大可能减少对经济和金融形势不确定性的预期，进而减弱因此带来的损失，促进经济持续健康发展。从跨境资本流动管理的角度看，由于中国利率市场化和汇率市场化尚未完成，跨境资本流动必会给中国金融体系稳定以及宏观经济稳定带来冲击。因此，在继续推进利率市场化改革和汇率市场化改革的同时，需要密切关注资本流动的波动风险以及国际金融环境变化带来的风险。

第八章 结论与政策建议

一直以来,资本账户开放和跨境资本流动的相关问题是学术界和政策制定者密切关注的焦点问题。尤其是在明确了进一步推进资本账户开放的总体方向以后,对资本账户开放和跨境资本流动的讨论也进入了新的领域。在国际金融和经济环境不断变化的背景下,探究中国资本账户开放与跨境资本流动的具体问题能够为完善宏观审慎管理框架,进一步推进汇率、利率市场化改革提供参考。有鉴于此,在研究中系统地梳理、归纳并总结了相关文献,实证研究中国资本账户开放及跨境资本流动管理的几个问题,具体的结论如下:

第一章绪论,首先系统地定义了资本账户开放概念以及跨境资本流动概念,明确研究内容,设计研究框架,给出研究方法和创新点。

第二章,系统梳理资本账户开放和跨境资本流动的理论基础,通过阐述金融抑制理论、金融自由化理论,加强对于资本账户开放理论基础的理解。然后,通过国际资本流动模型以及 IS-LM-BP 模型,从理论角度分析了不同因素对跨境资本流动的影响。理论基础表明:第一,虽然自由化是开放政策最终追求的目标,但是各国具体政策的实施是不同的。在不同时代背景下,资本账户开放的影响以及相关政策配合需要根据不同情况进行调整。因此,中国资本账户开放需要基于自身经济情况,设计合适的开放路线。第二,由于跨境资本流动的影响因素较多,且随着时间的推移,不同因素会导致资本流动影响发生结构性变化。因此,跨境资本流动管理需要结合影响因素的变化不断调整,特别要针对理论上影响跨境资本流动的具体冲击需要进行进一步研究。

第三章,归纳和整理典型化国家的资本账户开放经验,并对一些国家的跨境资本流动管理效果进行对比。研究发现，新兴市场国家是在高通胀的背景下实施资本账户开放和金融自由化措施的，但由于这些国家同时实施固定汇率政策，在面对美元升值、本币贬值时，国内陷入债务危机和货币危机。但是相对地，金融监管体系的完备性最终影响了危机对国内经济的冲击结果，越是金融体系相对完整，金融监管体系相对完善的国家，债务和货币危机的影响越小。另外，许多国家都存在激进式的资本账户开放经验，但现实情况证明，这样的资本账户开放方式并不适合。而从各国跨境资本流动管理的效果对比来看，成功和失败的本质区别在于是否在面对危机时采取强硬的管控措施。管控越强硬越及时，危机带来的冲击影响越低。而管控措施不强，冲击影响会使经济陷入恶性循环。另外，外汇储备是各国面对流动性危机时的有效工具。在此基础上，本章对中国资本账户开放度以及跨境资本流动规模进行测算，结果表明：目前，中国资本账户开放度为相对较低的水平，跨境资本流动规模处于稳定状态，没有出现规模扩张的情况。

在进行国际比较和指标测算后，研究进入核心部分。第四章和第五章主要集中针对中国资本账户开放面临的两个实际问题进行理论研究和实证检验。其中，第四章为中国资本账户开放、货币政策独立性以及汇率制度选择。一直以来，学术界非常关注"三元悖论"的问题。因此，本章通过构建包含混合创新结构的 TVP-SV-VAR 模型，探究中国资本账户开放对货币政策和汇率的影响以及金融改革的次序安排，结果发现：利率市场化改革应该先于汇率市场化改革和资本账户开放，但是这并不意味着各部分金融改革之间存在明显时间界限，即汇率市场化不必等到利率市场化改革完成后再展开，而是可以与利率市场化存在交叉部分。同样资本账户开放也是如此，虽然位置处于最后，但部分政策可以在利率和汇率改革中统筹进行。因此，在逐渐完成利率市场化之后，应当逐渐开放资本项目，这也有利于推进汇率市场化改革。

第五章则从宏观角度探究资本账户开放的增长效应，研究表明：其一，推进资本账户开放能够促进经济增长，但由于现阶段中国资本账户开放度较低，增长效应受到限制；其二，促进金融深化有益于缓解增长效应受限的情况，通过不断的金融体系改革，提升金融深化程度能够有效带动经济增长；其三，完全资本账户自由化并不可取，适当的资本管制能够起到防范风险的作用。因此,现阶段应该提升资本账户开放度,通过深化金融改革,提升金融体系效率,进而提高金融体系防范风险的能力。

第六章和第七章主要集中于跨境资本流动管理。第六章,针对短期跨境资本流动的多因素冲击效应研究结果表明:短期跨境资本流动对即期汇率和远期汇率的冲击表现出非对称性,对即期汇率的正向作用更强,对远期汇率的负向作用更强。而即期汇率对短期资本流动的冲击则存在滞后性,但最终会回归均衡。远期汇率对短期资本流动的冲击会随着套汇空间缩窄而减弱。从中美利率与短期跨境资本流动的互动关系来看,随着利率市场化的深入,短期跨境资本流动的冲击显著增强,但由于中国与美国在利率市场化程度上的差异,美国在冲击的平抑时间上明显更快,中国则相对缓慢。最后,从短期跨境资本流动与资产价格互动的关系来看,在股票市场开放程度逐渐提高的背景下,股票市场成为吸引短期跨境资本流入的主要市场。同时需要注意的是,由于房地产市场的政策效应抑制了短期跨境资本流动冲击,因此同样需要关注短期跨境资本流动对房地产市场的影响。

第七章,探究跨境资本流动、金融稳定与经济波动的关系。从拟合的中国金融稳定指数走势中,研究发现:自 2008 年以后,中国金融体系稳定性一直处于稳步上升过程中,虽然在 2015 年金融稳定性有所波动,但目前中国金融稳定性水平仍处于相对较高的区间内。而从模型的脉冲响应分析中,可以得出结论:第一,伴随中国金融稳定性提升,跨境资本流动对金融稳定的冲击影响减弱,金融体系防范风险、化解外部冲击的能力增强;第二,短期跨境资本流动对经济增长的影响在现阶段更多是积极作用,这表明中国经济转型已经具有初步成效,经济结构合理性提升;第三,跨境资本流动对物价水平的冲击不会随着时间的推移收敛于 0,这证明跨境资本流动是影响商品价格的重要因素,需要密切关注。

在以上结论基础上,笔者认为:

第一,必须要明确现阶段加快推进资本账户开放的重要性。实证结果表明,目前资本账户开放度仍处于较低水平,这严重阻碍利率市场化和汇率市场化改革的进程,同时不利于促进金融发展和经济增长。第二,在加快推进资本账户开放的同时,一定要协同推进利率市场化改革和汇率市场化改革,从对金融改革次序的研究中，发现金融改革的中各个部分并没有显著的先后界限，只要总体上能够保持利率市场化在前，汇率市场化在中间，资本账户开放在最后的开放路径，就能够获取改革的红利。第三，现阶段不满足资本账户完全开放的条件，通过对比典型化国家实际经验以及实证研究结果，发现完全资本账户开放的基本条件是金融体系完整，金融监管适度以及相关法律制度的完备。因此，当前中国还并不具备完全开放资本账户的条件。对跨境资本流动的研究，笔者认为：第一，中国跨境资本流动仍然存在较高的风险，它对于汇率、利率及资产价格均有非常重要的影响，跨境资本流动能够通过不同的渠道影响金融体系稳定性；第二，打铁还需自身硬，提升金融体系稳定性仍然是金融改革的主要内容；第三，从跨境资本流动对宏观经济的影响来看，商品价格受到跨境资本的影响较强。

因此，笔者建议：第一，在保证经济稳定的情况下，资本账户开放的合理顺序应该是先进行利率市场化改革，然后开放部分资本账户以及推进汇率市场化改革，最终实现资本项目完全开放。这样安排的逻辑是，在利率市场化基本完成以后，货币价值不断接近均衡值，金融市场资源配置功能逐渐完备。此时，开放部分资本市场、证券市场等资本项目，能够扩充金融市场规模，增强分散金融风险的能力。同时，由于汇率市场化改革仍在进行中，资本账户货币项子项目不宜开放，等到基本完成汇率市场化改革后，货币兑换的相关项目可以逐渐放开，放松干预措施，通过市场调节和监控对汇率和资本账户进行管理。应该说，这一路径能够较好地保持经济健康持续发展以及宏观经济稳定。

第二，继续保持资本账户开放循序渐进的原则，逐渐提升资本账户开放度，平衡推进资本账户开放政策与金融监管政策；同时积极提升金融深化的质量及效率，继续深化金融改革，充分利用资本账户开放带来的国际流动资本，促进金融创新以及保持经济稳定增长。另外，为资本账户开放创造良好的制度环境，充分实现资本项目开放的优势。努力提高监管水平，积极防范金融风险，提升金融体系抵御风险的能力。

第三，进一步完善"宏观审慎＋微观审慎"的管理框架。首先从维护人民币汇率稳定出发，逆周期市场化调节跨境资本流动和外汇市场顺周期波动，防止跨境资本流动冲击导致系统性金融风险。另外，坚持功能监管理念，依法依规维护外汇市场秩序，严厉打击跨境套利和违法违规行为，并保持监管政策和执行标准的跨周期稳定性、一致性和可预测性。

第四，从金融稳定角度来看，相关部门应该建立动态金融稳定指数体系，并进行定期测算，实时公布。因为，只有动态的金融稳定指标才能够反映中国金融体系现实情况，而定期测算和公布能够最大可能减少对经济和金融形势不确定性的预期，进而减弱因此带来的损失，促进经济持续健康发展。从跨境资本流动管理的角度看，由于中国利率市场化和汇率市场化尚未完成，跨境资本流动必会给中国金融体系稳定以及宏观经济稳定带来冲击。因此，在继续推进利率市场化改革和汇率市场化改革的同时，需要密切关注资本流动的波动风险以及国际金融环境变化带来的风险。

中文参考文献

[1] 卜永祥,周晴.中国货币状况指数及其在货币政策操作中的运用[J].金融研究,2004(01):34-46.

[2] 曹凤岐,林敏仪.论人民币资本和金融项目可兑换[J].管理世界,2004(02):5-17.

[3] 曹媚.国际投机资本流入中国的贸易根源[J].世界经济研究,2009(07):24-28+89.

[4] 陈创练,姚树洁,郑挺国,欧璟华.利率市场化、汇率改制与国际资本流动的关系研究[J].经济研究,2017(4):66-79.

[5] 陈瑾玫,徐振玲.我国国际短期资本流动规模及其对宏观经济的影响研究[J].经济学家,2012(10):33-41.

[6] 陈镜宇.资本账户开放能促进经济长期增长吗?——基于新古典增长理论的研究[J].经济经纬,2017,34(05):62-67.

[7] 陈元,钱颖一.《资本账户开放:战略、时机与路线图》[M].北京:社会科学文献出版社,2015。

[8] 戴淑庚,余博.中国短期资本流动波动性及其驱动因素研究——基于资本账户开放的视角[J].广东社会科学,2018(04):25-36+253-254.

[9] 戴淑庚,余博.资本账户开放背景下中国短期资本流动的驱动因素研究——基于半参数平滑系数模型[J].国际金融研究,2019(05):76-86.

[10] 刁节文,章虎.基于金融形势指数对我国货币政策效果非线性的实证研究[J].金融研究,2012(04):36-48.

[11] 丁一.美联储货币政策与中国跨境资本流动[J].现代经济探讨,2019(10):58-64.

[12] 鄂志寰．资本流动与金融稳定相关关系研究［J］．金融研究，2000（7）：80-87．

[13] 范小云，刘粮，陈雷．从"货币三元悖论"到"金融三元悖论"——国际资本流动研究的新思路［J］．国际经济评论，2018，000（004）：126-144．

[14] 方先明，裴平，张谊浩．国际投机资本流入：动机与冲击——基于中国大陆1999～2011年样本数据的实证检验［J］．金融研究，2012（01）：65-77．

[15] 方显仓，孙琦．资本账户开放与我国银行体系风险［J］．世界经济研究，2014（03）：11-16＋89．

[16] 干杏娣．国际短期资本流动对本外币政策及其协调的影响［J］．世界经济研究，2002（06）：35-39．

[17] 郭桂霞，彭艳．我国资本账户开放的门槛效应研究［J］．金融研究，2016（03）：42-58．

[18] 郭晔，杨娇．货币政策的指示器——FCI的实证检验和比较［J］．金融研究，2012（8）：16-28．

[19] 胡小文，章上峰．利率市场化、汇率制度改革与资本账户开放顺序安排——基于NOEM-DSGE模型的模拟［J］．国际金融研究，2015（11）：16-25．

[20] 胡逸闻，戴淑庚．人民币资本账户开放的改革顺序研究——基于TVP-VAR模型的期限结构分析［J］．世界经济研究，2015（04）：13-23＋127．

[21] 黄志刚，陈晓杰．人民币汇率波动弹性空间评估［J］．经济研究，2010，45（05）：41-54．

[22] 黄志刚，郭桂霞．资本账户开放与利率市场化次序对宏观经济稳定性的影响［J］．世界经济，2016（9）：3-27．

[23] 黄智淋，董志勇．我国金融发展与经济增长的非线性关系研究——来自动态面板数据门限模型的经验证据［J］．金融研究，2013（7）：74-86．

[24] 姜波克，朱云高．资本账户开放研究：一种基于内外均衡的分析框架［J］．国际金融研究，2004（04）：12-19．

[25] 雷达, 赵勇. 中国资本账户开放程度的测算 [J]. 经济理论与经济管理, 2008 (05): 5-13.

[26] 李翀. 论短期国际资本流动的利益与风险 [J]. 广东社会科学, 2003 (01): 50-55.

[27] 李建军. 中国货币状况指数与未观测货币金融状况指数——理论设计、实证方法与货币政策意义 [J]. 金融研究, 2008 (11): 60-79.

[28] 李婧, 吴远远. 中国短期跨境资本流动影响因素实证研究——2009-2016 [J]. 经济与管理研究, 2017, 38 (8): 23-32.

[29] 李巍, 张志超. 中国资本账户开放的最优时点 [J]. 国际经济评论, 2010, (4): 76-87.

[30] 李巍. 金融发展、资本账户开放与金融不稳定——来自中国的证据 [J]. 财经研究, 2007 (11): 41-52.

[31] 李昕, 谭莹. 中国短期资本外流规模再估算及其影响因素分析 [J]. 统计研究, 2019, 36 (07): 26-38.

[32] 李轩, 潘英丽. 1994-2010 年中国资本账户开放度约束型测量改进 [J]. 西安交通大学学报 (社会科学版), 2013, 33 (03): 28-34.

[33] 李扬. 中国经济对外开放过程中的资金流动 [J]. 经济研究, 1998 (02): 14-24.

[34] 李宗怡. 国际资本流动与我国房地产价格关系的实证分析 [J]. 当代财经, 2014 (8): 50-64.

[35] 凌江怀, 李长洪. 国际资本流动和国际贸易对国内物价的冲击效应——基于不同汇率机制和宏观经济环境的研究 [J]. 财经研究, 2012, 38 (11): 124-133.

[36] 刘金全, 付卫艳, 郝世赫. 我国金融发展与经济增长关系的收入"门限效应"检验 [J]. 吉林大学社会科学学报, 2014, 54 (03): 21-27.

[37] 刘金全, 解瑶姝. "新常态"时期货币政策时变反应特征与调控模式选择 [J]. 金融研究, 2016 (09): 1-17.

[38] 刘金全, 张菀庭, 徐宁. 资本账户开放度、货币政策独立性与汇率制度选择: 三元悖论还是二元悖论? [J]. 世界经济研究, 2018 (05): 3-13

+64+135.

[39] 刘莉亚. 境外"热钱"是否推动了股市、房市的上涨？——来自中国市场的证据 [J]. 金融研究, 2008 (10)：52-74.

[40] 刘仁伍, 刘华, 黄礼健. 新兴市场国家的国际资本流动与双危机模型扩展 [J]. 金融研究, 2008 (4)：37-54.

[41] 罗军. 金融发展门槛、FDI与区域经济增长方式 [J]. 世界经济研究, 2016 (04)：107-118+136.

[42] 罗斯丹. 国际资本流动传导机制研究——基于对中国金融安全的影响 [J]. 当代经济研究, 2009 (01)：58-61.

[43] 彭红枫, 祝小全. 短期资本流动的多重动机和冲击：基于TVP-VAR模型的动态分析 [J]. 经济研究, 2019, 54 (08)：36-52.

[44] 曲凤杰. 中国短期资本流动状况及统计实证分析 [J]. 经济研究参考, 2006 (40)：16-23.

[45] 任惠. 中国资本外逃的规模测算和对策分析 [J]. 经济研究, 2001 (11)：69-75.

[46] 宋文兵. 中国的资本外逃问题研究：1987—1997 [J]. 经济研究, 1999 (05)：41-50.

[47] 孙俊, 于津平. 资本账户开放路径与经济波动——基于动态随机一般均衡模型的福利分析 [J]. 金融研究, 2014 (05)：48-64.

[48] 孙婉洁, 臧旭恒. 试析外资流入对我国通货膨胀的影响 [J]. 经济研究, 1995 (09)：60-66.

[49] 谭小芬, 熊玲誉, 宋佳鑫. 全球流动性对国际大宗商品价格的影响——基于TVP-FAVAR模型和2000—2017年数据的实证分析 [J]. 中国软科学, 2020 (01)：30-48.

[50] 唐旭, 梁猛. 中国贸易顺差中是否有热钱, 有多少？ [J]. 金融研究, 2007 (09)：4-22.

[51] 王擎, 张恒. 国际热钱与我国股价的关系 [J]. 财经科学, 2010 (10)：41-47.

[52] 王世华, 何帆. 中国的短期国际资本流动：现状、流动途径和影响因素

[J]．世界经济，2007（07）：14-21．

[53] 王维国，王霄凌，关大宇．中国金融条件指数的设计与应用研究[J]．数量经济技术经济研究，2011（12）：116-132．

[54] 王信，林艳红．90年代以来我国短期资本流动的变化[J]．国际金融研究，2005（12）：62-67．

[55] 王彦超．金融抑制与商业信用二次配置功能[J]．经济研究，2014（6）：86-99．

[56] 吴丽华，傅广敏．人民币汇率、短期资本与股价互动[J]．经济研究，2014，49（11）：72-86．

[57] 伍戈，陆简．全球避险情绪与资本流动——"二元悖论"成因探析[J]．金融研究，2016（11）：1-14．

[58] 肖卫国，陈宇，张晨冉．利率和汇率市场化改革协同推进的宏观经济效应[J]．国际贸易问题，2015（8）：158-169．

[59] 肖卫国，尹智超，陈宇．资本账户开放、资本流动与金融稳定——基于宏观审慎的视角[J]．世界经济研究，2016（01）：28-38．

[60] 熊芳，黄宪．中国资本账户开放次序的实证分析[J]．国际金融研究，2008（03）：58-63．

[61] 修晶，张明．中国资本外逃的规模测算和因素分析[J]．世界经济文汇，2002（01）：39-46．

[62] 严启发．中国2000年以来的资本非正常外流：形势与评论[J]．国际贸易，2010（12）：54-57．

[63] 杨海珍，陈金贤．中国资本外逃：估计与国际比较[J]．世界经济，2000（01）：21-29．

[64] 杨荣海，李亚波．资本账户开放对人民币国际化"货币锚"地位的影响分析[J]．经济研究，2017（01）：136-150．

[65] 杨胜刚，刘宗华．资本外逃与中国的现实选择[J]．金融研究，2000（02）：74-80．

[66] 杨小海，刘红忠，王弟海．中国应加速推进资本账户开放吗？——基于DSGE的政策模拟研究[J]．经济研究，2017（08）：51-66．

[67] 杨友才. 金融发展与经济增长——基于我国金融发展门槛变量的分析 [J]. 金融研究, 2014, 404 (02): 63-75.

[68] 易纲, 汤弦。汇率制度的"角点解假设"的一个理论基础 [J]. 金融研究, 2001 (8): 5-17.

[69] 殷剑峰, 王增武. 分配差距扩大、信用扩张和金融危机——关于美国次贷危机的理论思考 [J]. 经济研究, 2018 (02): 52-66.

[70] 尹宇明, 陶海波. 热钱规模及其影响 [J]. 财经科学, 2000 (6): 131-137.

[71] 尹宇明, 徐彦斐. 国际短期资本流动与货币政策独立性 [J]. 西南金融, 2009 (08): 23-26.

[72] 余永定, 张明. 资本管制和资本项目自由化的国际新动向 [J]. 国际经济评论, 2012 (5): 7-8+70-76.

[73] 余永定. 寻求资本项目开放问题的共识 [J]. 国际金融研究, 2014 (7): 3-6.

[74] 张斌. 人民币升值预期 短期资本流动及其影响 [J]. 国际金融, 2010 (4): 55-60.

[75] 张春生, 蒋海. 利率市场化、汇率自由化与资本项目开放的次序: 理论、经验与选择 [J]. 经济学家, 2015 (5): 54-63.

[76] 张礼卿, 戴任翔. 智利的资本账户开放: 一个从失败走向相对成功的案例 [J]. 国际金融研究, 1999 (05): 40-47.

[77] 张明, 徐以升. 全口径测算中国当前的热钱规模 [J]. 当代亚太, 2008 (4): 126-142.

[78] 张明, 谭小芬. 中国短期资本流动的主要驱动因素: 2000~2012 [J]. 世界经济, 2013, 36 (11): 93-116.

[79] 张明. 当前热钱流入中国的规模与渠道 [J]. 国际金融, 2008 (7): 59-64.

[80] 张明. 中国面临的短期国际资本流动: 不同方法与口径的规模测算 [J]. 世界经济, 2011, 34 (02): 39-56.

[81] 张屹山, 张鹏. 资本和金融项目开放对中国宏观经济影响的实证研究

［J］．中国工业经济，2010（05）：29-38.

［82］张谊浩，裴平，方先明．中国的短期国际资本流入及其动机——基于利率、汇率和价格三重套利模型的实证研究［J］．国际金融研究，2007（9）：41-52.

［83］张谊浩，沈晓华．人民币升值、股价上涨和热钱流入关系的实证研究［J］．金融研究，2008（11）：87-98.

［84］赵进文，张敬思．人民币汇率、短期国际资本流动与股票价格——基于汇改后数据的再检验［J］．金融研究，2013（01）：13-27.

［85］赵文胜，张屹山，赵杨．短期国际资本流动对中国市场变化的反应分析［J］．数量经济技术经济研究，2011（03）：105-118.

［86］赵振全，薛丰慧．金融发展对经济增长影响的实证分析［J］．金融研究，2004（08）：94-99.

［87］赵振全，于震，杨东亮．金融发展与经济增长的非线性关联研究——基于门限模型的实证检验［J］．数量经济技术经济研究，2007，24（7）：54-62.

［88］中国人民银行调查统计司课题组，盛松成．协调推进利率、汇率改革和资本账户开放［J］．金融市场研究，2012（2）：9-12.

［89］周德才，冯婷，邓姝姝．我国灵活动态金融状况指数构建与应用研究——基于MI-TVP-SV-VAR模型的经验分析［J］．数量经济技术经济研究，2015（5）：114-130.

［90］周建珊．国际短期资本流动及其对我国货币政策影响研究［J］．经济问题，2013（04）：53-56.

［91］朱孟楠，丁冰茜，闫帅．人民币汇率预期、短期国际资本流动与房价［J］．世界经济研究，2017（07）：17-29＋53＋135.

［92］朱孟楠，刘林．短期国际资本流动、汇率与资产价格——基于汇改后数据的实证研究［J］．财贸经济，2010（05）：5-13＋135.

英文参考文献

[1] Aghion P, Bacchetta P, Banerjee A. A corporate balance-sheet approach to currency crises [J]. Journal of Economic Theory, 2004, 119 (1): 6-30.

[2] Aghion P, Bacchetta P, Banerjee A. Financial development and the instability of open economies [J]. Journal of Monetary Economics, 2004, 51 (6): 1077-1106.

[3] Aizenman J, Binici M. Exchange market pressure in OECD and emerging economies: Domestic vs. external factors and capital flows in the old and new normal [J]. Journal of International Money and Finance, 2016, 66 (9): 65-87.

[4] Aizenman J, Chinn M D, Ito H. Assessing the emerging global financial architecture: Measuring the trilemmas configurations over time [R]. National Bureau of Economic Research, 2008, No. w14533.

[5] Aizenman J, Chinn M D, Ito H. Surfing the waves of globalization: Asia and financial globalization in the context of the trilemma [J]. Journal of the Japanese and International Economies, 2011, 25 (3): 290-320.

[6] Aizenman J, Chinn M D, Ito H. The emerging global financial architecture: Tracing and evaluating new patterns of the trilemma configuration [J]. Journal of International Money and Finance, 2010, 29 (4): 615-641.

[7] Aizenman J, Sengupta R. Financial trilemma in China and a comparative analysis with India [J]. Pacific Economic Review, 2013, 18 (2): 123-146.

[8] Aizenman J, Ito H. Living with the trilemma constraint: Relative trilemma policy divergence, crises and output losses for developing countries [J]. Journal of International Money and Finance, 2014, 49 (pt. a): 28-51.

[9] Alfaro L, Kalemli-Ozcan S, Volosovych V. Capital controls and capital flows in emerging economies: Policies, practices and consequences: Capital flows in a globalized world: The role of policies and institutions [M]. NBER Book Chapters, 2011.

[10] Athukorala P C, Rajapatirana S. Capital inflows and the real exchange rate: A comparative study of Asia and Latin America [R]. Departmental Working Papers, 2003, 26 (4): 613-637.

[11] Ball L. Efficient rules for monetary policy [J]. International Finance, 1999, 2 (1): 63-83.

[12] Bates B J, Plagborg-Møller M, Stock J H, Watson M W. Consistent factor estimation in dynamic factor models with structural instability [J]. Journal of Econometrics, 2013, 177 (2): 289-304.

[13] Baumeister C, Durinck E J, Peersman G. Liquidity, inflation and asset prices in a time-varying framework for the Euro area [R]. National Bank of Belgium, 2008, No. 142.

[14] Bekaert G, Harvey C. Time-varying world market integration [J]. Journal of Finance, 1995, 50 (2): 403-444.

[15] Bekaert G, Hodrick R J, Zhang X. Aggregate idiosyncratic volatility [J]. Social Science Electronic Publishing, 2012, 47 (6): 1155-1185.

[16] Bekaert G. Market integration and investment barriers in emerging equity markets [J]. World Bank Economic Review, 1995, 9 (1): 75-107.

[17] Belke A, Bordon I G, Hendricks T W. Global liquidity and commodity prices-A cointegrated VAR approach for OECD countries [J]. Applied Financial Economics, 2010, 20 (1-3): 227-242.

[18] Belviso F, Milani F. Structural factor-augmented VAR (SFAVAR)

and the effects of monetary policy [J]. Macroeconomics, 2005, 6 (3): 1-46.

[19] Benjamin J, Simon S. Time-varying international diversification and the forward premium [J]. Journal of International Money and Finance, 2014, 40 (2): 128-148.

[20] Bernanke B S, Boivin J, Eliasz P. Measuring the effects of monetary policy: A factor-augmented vector autoregressive (FAVAR) approach [J]. The Quarterly Journal of Economics, 2005, 120 (1): 387-422.

[21] Berument H, Konac N, Senay O. Openness and the effectiveness of monetary policy: A cross-country analysis [J]. International Economic Journal, 2007, 21 (4): 577-591.

[22] Boivin J, Giannoni M P. Has Monetary policy become more effective [J]? Review of Economics and Statistics, 2006, 88 (3): 445-462.

[23] Bouvatier V. Hot Money inflows and monetary stability in China: How the people's bank of China took up the challenge [J]. Applied Economics, 2010, 42 (12): 1533-1548.

[24] Brana S, Djigbenou M L, Prat S. Global excess liquidity and asset prices in emerging countries: A PVAR approach [J]. Emerging Markets Review, 2012, 13 (3): 256-267.

[25] Braun M, Raddatz C. Trade liberalization, capital account liberalization and the real effects of financial development [J]. Journal of International Money and Finance, 2007, 26 (5): 730-761.

[26] Breitung J, Eickmeier S. Testing for structural breaks in dynamic factor models [J]. Journal of Econometrics, 2011, 163 (1): 71-84.

[27] Bruno V, Shin H S. Capital flows and the risk-taking channel of monetary policy [J]. Journal of Monetary Economics, 2015, 71: 119-132.

[28] Bruno V, Shin H S. Cross-border banking and global liquidity [J]. Review of Economic Studies, 2015, 82 (2): 535-564.

[29] Caballero, J A. Do surges in international capital inflows influence the

likelihood of banking crises [J]? The Economic Journal, 2016, 126 (591): 281-316.

[30] Calderon C, Kubota M. Gross inflows gone wild: Gross capital inflows, credit booms and crises [R]. World Bank Policy Research Working Paper, 2012, No. 6270.

[31] Calvo G A, Leiderman L, Reinhart C M. Inflows of capital to developing countries in the 1990s [J]. The Journal of Economic Perspectives, 1996, 10 (2): 123-139.

[32] Calvo G. Financial crises and liquidity shocks a bank-run perspective [J]. European Economic Review, 2012, 56 (3): 317-326.

[33] Carkovic M V, Levine R. Does foreign direct investment accelerate economic growth [R]? University of Minnesota Department of Finance Working Paper, 2002.

[34] Chib S, Nardari F, Shephard N. Markov chain monte carlo methods for stochastic volatility models [J]. Journal of Econometrics, 2002, 108 (2): 281-316.

[35] Chib S. Estimation and comparison of multiple change-point models [J]. Journal of Econometrics, 1998, 86 (2): 221-241.

[36] Chuhan P, Perez-Quiros G, Popper H. International capital flows: Do short-term investment and direct investment differ [J]? Policy Research Working Paper, 1996, 80 (2): 157-175.

[37] Clarida R, Gali J, Gertler M. Monetary policy rules and macroeconomic stability: Evidence and some theory [J]. Quarterly Journal of Economics, 2000, 10 (2): 123-139.

[38] Cogley T, Sargent T J. Drifts and volatilities: Monetary policies and outcomes in the post WWII US [J]. Review of Economic Dynamics, 2005, 8 (2): 262-302.

[39] Cogley T, Sargent T. Evolving post-world war II inflation dynamics [J]. NBER Macroeconomic Annual, 2001, 16 (1): 331-373.

[40] Czudaj R, Beckmann J, Belke A. Does global liquidity drive commodity prices [J]? Journal of Banking & Finance, 2014, 48 (1): 224-234.

[41] Darreau P, Pigalle F. Converge or integrate? A note on Gourinchas and Jeanne: The elusive gains from international financial integration [J]. Economics Bulletin, 2016, 36 (2): 789-792.

[42] De Jong P, Shephard N. The simulation smoother for time series models [J]. Biometrika, 1995, 82 (2): 339-350.

[43] Del Negro M, Otrok C. Dynamic factor models with time-varying parameters: Measuring changes in international business cycles [R]. New York Staff Report, 2008, No. 326.

[44] Devereux M B, Sutherland A. A portfolio model of capital flows to emerging markets [J]. Journal of Development Economics, 2009, 89 (2): 0-193.

[45] Dieci R, Westerhoff F. Heterogeneous speculators, endogenous fluctuations and interacting markets: A model of stock prices and exchange rates [J]. Journal of Economic Dynamics & Control, 2010, 34 (4): 743-764.

[46] Ding D, Jinjarak Y. Development threshold, capital flows and financial turbulence [J]. The North American Journal of Economics and Finance, 2012, 23 (3): 365-385.

[47] Durbin J, Koopman S J. A Simple and efficient simulation smoother for state space time series analysis [J]. Biometrika, 2002, 89 (3): 603-616.

[48] Edison H J, Klein M W, Ricci L A, Slok T. Capital account liberalization and economic performance: Survey and synthesis [J]. IMF Economic Review, 2004, 51 (2): 220-256.

[49] Edison H J, Reinhart C M. Capital controls during financial crises: The case of Malaysia and Thailand [J]. SSRN Electronic Journal, 2000: 427-456.

[50] Edwards S, Khan M S. Interest rate determination in developing countries: A conceptual framework [J]. Staff Papers, 1985, 32 (3): 377-403.

[51] Eichengreen B, Gullapalli R, Panizza U. Capital account liberalization, financial development and industry growth: A synthetic view [J]. Journal of International Money & Finance, 2011, 30 (6): 1090-1106.

[52] Eichengreen B, Xia G T. China and the SDR: Financial liberalization through the back door [J]. Quarterly Journal of Finance, 2019, 9 (3): 1-36.

[53] Elkhuizen L, Hermes N, Jacobs J, et al. Financial development, financial liberalization and social capital [J]. Applied Economics, 2018, 50 (11): 1268-1288.

[54] Favilukis J, Kohn D, Ludvigson S C. Nieuwerburgh S V. International capital flows and house prices: Theory and evidence [R]. NBER Working Paper, 2012, No. 17751.

[55] Federici D, Caprioli F. Financial development and growth: An empirical analysis [J]. Economic Modelling, 2009, 26 (2): 285-294.

[56] Feldstein M, Horioka C. Domestic saving and international capital flows [J]. The Economic Journal, 1980, 90 (358): 314-329.

[57] Fischer B, Reisen H. Financial opening: Why, how, when [M]. An International Center for Economic Growth Publication, San Francisco, California, 1994.

[58] Gerlach R, Carter C, Kohn E. Efficient Bayesian inference in dynamic mixture models [J]. Journal of the American Statistical Association, 2000, 95 (451): 819-828.

[59] Geweke J. Using simulation methods for Bayesian econometric models: Inference, development and communication [J]. Econometric Reviews, 1999, 18 (1): 1-126.

[60] Giordani P, Kohn R. Efficient Bayesian inference for multiple change-point and mixture innovation models [J]. Journal of Business and Eco-

nomic Statistics, 2008, 26 (1): 66-77.

[61] Glick R, Hutchison M. Navigating the trilemma: Capital flows and monetary policy in China [J]. Journal of Asian Economics, 2009, 20 (3):205-224.

[62] Glick R, Hutchison M. The illusive quest: Do international capital controls contribute to currency stability [J]. International Review of Economics & Finance, 2011, 20 (1): 59-70.

[63] Goldstein M. The Asian financial crisis: Causes, cures and systemic implications [J]. Thunderbird International Business Review, 1999, 41 (6):721-728.

[64] Goodhart C, Hofmann B. Asset prices, financial conditions and the transmission of monetary policy [C]. Conference on Asset Prices, Exchange Rates and Monetary Policy, Stanford: Stanford University, 2001, (2): 2-24.

[65] Goodhart C, Hofmann B. Asset prices, financial conditions and the transmission of monetary policy [C]. Royal Economic Society Annual Conference 2002, Manchester, Royal Economic Society, 2002, (88): 1-15.

[66] Gourinchas P O, Olivier J. The elusive gains from international financial integration [J]. Review of Economic Studies, 2006, 73 (3): 715-741.

[67] Gourinchas P, Obstfeld M. Stories of the twentieth century for the twenty-first [J]. American Economic Journal: Macroeconomics, 2012, 4 (1): 226-265.

[68] Grilli V, Milesi-Ferretti G M. Economic effects and structural determinants of capital controls [J]. IMF Economic Review, 1995, 42 (3): 517-551.

[69] Grilli V, Milesi-Ferretti G M. Economic effects and structural determinants of capital controls [R]. Staff Papers, 1995, 42 (3): 517-551.

[70] Haque N U, Montiel P. Capital mobility in developing countries: Some

empirical tests [J] . World Development, 2006, 19 (10): 1391-1398.

[71] Hatzius J, Hooper P, Mishkin F, Schoenholtz K, Watson M. Financial conditions indexes: A fresh look after the financial crisis [J] . NBER Working Papers, 2010, No. 16150.

[72] Hau H, Rey H. Exchange rates, equity prices and capital flows [J] . Review of Financial Studies, 2006, 19 (1): 273-317.

[73] Huang Y P, Wang X. Does financial repression inhabit or facilitate economic growth? A case study of Chinese reform experience [J] . Oxford Bulletin of Economics and Statistics, 2011, 73 (6): 833-855.

[74] Ibarra C A. Capital flows and real exchange rate appreciation in Mexico [J] . World Development, 2011, 39 (12): 2080-2090.

[75] Illing M, Liu Y. Measuring financial stress in a developed country: An application to Canada [J] . Journal of Financial Stability, 2006, 2 (3): 0-265.

[76] Ito H. Financial Development in Asia: Thresholds, institutions, and the sequence of liberalization [J] . North American Journal of Economics & Finance, 2006, 17 (3): 303-327.

[77] Jordà, Ò, Schularick M, Taylor A M. When credit bites back: Leverage, business cycles, and crises [R] . CEPR Discussion Papers, 2011, 45 (s2): 3-28.

[78] Kaminsky, G I, Reinhart C M. The twin crises: The causes of banking and balance-of-payments problems [J] . American Economic Review, 1999, 89 (3): 473-500.

[79] Karras G. Openness and the effects of monetary policy [J] . Journal of International Money and Finance, 1999, 18 (1): 13-26.

[80] Kim C J, Nelson C R. Estimation of a forward-looking monetary policy rule: A time-varying parameter model using ex post data [J] . Journal of Monetary Economics, 2006, 53 (8): 1949-1966.

[81] Kim S, Shephard N, Chib S. Stochastic volatility: Likelihood inference

and comparison with ARCH models [J]. Review of Economic Studies, 1998, 65 (3): 361-393.

[82] Kim S, Yang D Y. The impact of capital inflows on asset prices in emerging Asian economies: Is too much money chasing too little good [J]? Open Economies Review, 2011, 22 (2): 293-315.

[83] Kim Y. Causes of capital flows in developing countries [J]. Journal of International Money and Finance, 2000, 19 (2): 235-253.

[84] King R G, Levine R. Finance and growth: Schumpeter might be right [J]. Quarterly Journal of Economics, 1993, 108 (3): 717-737.

[85] Kitano S. Capital controls and welfare [J]. Journal of Macroeconomics, 2011, 33 (4): 700-710.

[86] Klein M W, Olivei G P. Capital account liberalization, financial depth and economic growth [J]. Journal of International Money and Finance, 2008, 27 (6): 861-875.

[87] Klein M W. Capital account liberalization, institutional quality and economic growth: Theory and evidence [R]. National Bureau of Economic Research, 2005.

[88] Koop G, Korobilis D. A new index of financial conditions [J]. European Economic Review, 2014, 71: 101-116.

[89] Koop G, Leon-Gonzalez R, Strachan R W. On the evolution of the monetary policy transmission mechanism [J]. Journal of Economic Dynamics & Control, 2009, 33 (4): 997-1017.

[90] Koop G, Potter S. Estimation and forecasting in models with multiple breaks [J]. Review of Economic Studies, 2007, 74 (3): 763-789.

[91] Koop G, Potter S. Prior elicitation in multiple change-point models [J]. International Economic Review, 2009, 50 (3): 751-772.

[92] Korobilis D. Assessing the transmission of monetary policy shocks using dynamic factor models [J]. Oxford Bulletin of Economics & Statistics, 2009, 75 (2): 157-179.

[93] Kraay A. In search of the macroeconomic effect of capital account liberalization [R]. The World Bank Group, 1998, October.

[94] Krugman P. Analytical afterthoughts on the Asian crisis [J]. Economic Theory, Dynamics and Markets, 2001, (5): 243-255.

[95] Krugman P. Balance sheets, the transfer problem and financial crises [J]. International Tax & Public Finance, 1999, 6 (4): 459-472.

[96] Lane P R, Mcquade P. Domestic credit growth and international capital flows [J]. Working Paper Series, 2013, 116 (1): 218-252.

[97] Lane P R, Milesi-Ferretti G M. The external wealth of nations mark: Revised and extended estimates of foreign assets and liabilities [J]. Journal of International Economics, 2007, 73 (2): 223-250.

[98] Levine R, Zervos S. Stock markets, banks and economic growth [J]. American Economic Review, 1998, 88 (3): 537-558.

[99] Levine R. Finance and growth: Theory and evidence [R]. NBER Working Paper, 2004, No. w10766.

[100] Levine R. Financial development and economic growth: Views and agenda [J]. Policy Research Working Paper Series, 1996, 35 (2): 688-726.

[101] Lipschitz L, Mourmouras A, Lane T D. Capitalflows to transition economies: Master or servant [J]? IMF Working Papers, 2002, 02 (11): 202-222.

[102] Lucas R E. Why doesn't capital flow from rich to poor countries [J]? The American Economic Review, 1990, 80 (2): 92-96.

[103] Luo R H, Jiang C. Currency convertibility, cost of capital control and capital account liberalization in China [J]. Journal of Chinese Political Science, 2005, 10 (1): 65-79.

[104] Maheu J, Gordon S. Learning, forecasting and structural breaks [J]. Journal of Applied Econometrics, 2008, 23 (5): 553-583.

[105] Matheson T D. Financial conditions indexes for the United States and Euro area [J]. Economics Letters, 2012, 115 (3): 441-446.

[106] McCulloch R, Tsay E. Bayesian inference and prediction for mean and variance shifts in autoregressive time series [J]. Journal of the American Statistical Association, 1993, 88 (423): 968-978.

[107] McKinnon R I. Money and capital in economic development [M]. The Brookings Institution, Washington D. C., 1993.

[108] Mckinnon R I, Pill H. International overborrowing: A decomposition of credit and currency risks [J]. Working Papers, 1998, 26 (7): 1267-1282.

[109] Mileva E. The impact of capital flows on domestic investment in transition economies [R]. ECB Working Paper, 2008, No. 871.

[110] Miranda-Agrippino S, Rey H. US monetary policy and the global financial cycle [R]. NBER Working Paper, 2015, No. w21722.

[111] Moore W. Managing the process of removing capital controls: What does the literature suggest [J]? Journal of Economic Surveys, 2014, 28 (2): 209-237.

[112] Monadjemi M S, Lodewijks J K, Merchant S. International capital mobility and economic performance. Proceedings of the 3rd Global Conference on Business & Economics, Held in Amsterdam, Netherlands, 2004.

[113] Montagnoli A, Napolitano O. Financial condition index and interest rate settings: A comparative analysis [J]. Napoli: Istituto di Studi Economici Working Paper, University degli studi di Napoli, 2005, (8): 6-15.

[114] Mussa M, Dell'Ariccia G, Eichengreen B J, Detragiache E. Capital account liberalization: Theoretical and practical aspects [J]. IMF Occasional Paper, 1998, 70 (172): 273-293.

[115] Nakajima J, Kasuya M, Watanabe T. Bayesian analysis of time-varying parameter vector autoregressive model for the Japanese economy and monetary policy [J]. Journal of the Japanese and International Eco-

nomics, 2011, 25 (3): 225-245.

[116] Nakajima J, West M. Bayesian analysis of latent-threshold dynamic models [J] . Journal of Business and Economic Statistics, 2013, 31 (2): 151-164.

[117] Ohno S, Shimizu J. Do Exchange rate arrangements and capital controls influence international capital flows and housing prices in Asia [J]? Journal of Asian Economics, 2015, 39 (2): 97-108.

[118] Pagano M. Financial markets and growth: An overview [J] . European Economic Review, 1993, 37 (2-3): 613-622.

[119] Pastor L, Stambaugh R. The equity premium and structural breaks [J] . Journal of Finance, 2001, 56 (4): 1207-1239.

[120] Pesaran M H, Pettenuzzo D, Timmerman A. Forecasting time series subject to multiple structural breaks [J] . Review of Economic Studies, 2006, 73 (4): 1057-1084.

[121] Prasad E S, Rajan R G. A pragmatic approach to capital account liberalization [J] . The journal of economic perspectives, 2008, 22 (3): 149-172.

[122] Prasad E, Rogoff K, Wei S J, Kose M A. Effects of financial globalization on developing countries: Some empirical evidence. In: Tseng W. , Cowen D. (eds) India's and China's Recent Experience with Reform and Growth. Procyclicality of Financial Systems in Asia. Palgrave Macmillan, London. 2005

[123] Primiceri G E. Time varying structural vector autoregressions and monetary policy [J]. Review of Economic Studies, 2005, 72 (3): 821-852.

[124] Quinn D P, Toyoda A M. Does capital account liberalization lead to economic growth [J]. Review of Financial Studies, 2008, 21 (3): 1405-1449.

[125] Quinn D. The correlates of change in international financial regulation

[J]. American Political science review, 1997, 91 (3): 531-551.

[126] Raddatz C, Schmukler S L, Williams T. International asset allocations and capital flows: The benchmark effect [J]. Journal of International Economics, 2017: S0022199617300739.

[127] Razin A, Sadka E, Yuen C W. A pecking order of capital inflows and international tax principles [J]. Journal of International Economics, 1998, 44 (1): 45-68.

[128] Reinhardt D, Ricci L A, Tressel T. International capital flows and development: Financial openness matters [J]. Journal of International Economics, 2013, 91 (2): 235-251.

[129] Rey H. Dilemma not trilemma: The global financial cycle and monetary policy independence [R]. National Bureau of Economic Research, 2015.

[130] Rioja F, Valev N. Finance and the sources of growth at various stages of economic development [J]. Economic Inquiry, 2004, 42 (1): 127-140.

[131] Sarantis N. Testing the uncovered interest parity using traded volatility, a time-varying risk premium and heterogeneous expectations [J]. Journal of International Money and Finance, 2006, 25 (7): 1168-1186.

[132] Schinasi G J. Responsibility of central banks for stability in financial markets [J]. IMF Working Papers, 2003, 03 (121): 1-19.

[133] Schneider B. Issues in capital account convertibility in developing countries [J]. Development Policy Review, 2002, 19 (1): 31-82.

[134] Schneider B. Measuring capital flight: Estimates and interpretations [R]. Overseas Development Institute Working Paper, 2003, No. 194.

[135] Sedik T S, Sun T. Effects of capital flow liberalization: What is the evidence from recent experiences of emerging market economies [M]? International Monetary Fund, 2012.

[136] Shaw E S. Financial deepening in economic development [M]. New York: Oxford University Press, 1973.

[137] Shephard N, Pitt M. Likelihood analysis of non-Gaussian measurement time series [J]. Biometrika, 1997, 84 (3): 653-667.

[138] Sims C A. Comparison of interwar and postwar business cycles: Monetarism reconsidered [J]. NBER Working Papers, 1980, 70 (2): 250-257.

[139] Sousa J M, Zaghini A. Global monetary policy shocks in the G5: A SVAR approach [J]. Journal of International Financial Markets, Institutions and Money, 2007, 17 (5): 403-419.

[140] Stock J H, Watson M W. Forecasting in dynamic factor models subject to structural instability [R]. NBER Working Paper, 2005, No. w11467.

[141] Stock J H, Watson M W. Macroeconomic forecasting using diffusion indexes [J]. Journal of Business & Economic Statistics, 2002, 20 (2): 147-162.

[142] Swiston A. A US Financial conditions index: Putting credit where credit is due [Z]. Washing D. C. : International Monetary Fund, 2008, (161): 6-32.

[143] Terrones M, Mendoza E G. An anatomy of credit booms: Evidence from macro aggregates and micro data [J]. International Finance Discussion Papers, 2008, 08 (226): 1-50.

[144] Trabelsi M, Cherif M. Capital account liberalization and financial deepening: Does the private sector matter [J]? The Quarterly Review of Economics and Finance, 2017, 64: 141-151.

[145] Van den End J W. Indicator and boundaries of financial stability [R]. Amsterdam: De Nederlandsche Bank Working Paper. De Nederlandsche Bank, 2006, (97): 6-19.

[146] Watanabe T, Omori Y. A multi-move sampler for estimating non-Gaussian time series models: Comments on Shephard and Pitt (1997)

[J]. Biometrika, 2004, 91 (1): 246-248.

[147] West M, Harrison J. Bayesian forecasting and dynamic models [M]. New York: Springer, 1997.

[148] World Bank. World development report. Washington D. C., 1985.

[149] Xu Z. Financial development, investment and economic growth [J]. Economic Inquiry, 2000, 38 (2): 331-344.

后记（一）

写这一部分的时候，我的博士论文其实并没有完成，还处在收尾阶段。但疫情突然袭来，稍稍扰乱了原本极其平静的生活。在此，不单单是进行致谢，同时也记录一下当时的所思所感。

时间犹如白驹过隙，回想刚刚开始研究生学术生涯的时候，许多人询问过我，为什么要读研究生？为什么想要从事学术研究？当时的我并没有答案。现在想来，可能是当时诸事顺遂，也可能是当时爱慕"虚荣"，想要更进一步，不想匆匆结束自己的学生生涯。这六年时间，我也在反复问自己这个问题，有时获得了答案，有时又把答案推翻，就像学术研究，有时你认为自己获得了答案，但是经过时间积累，答案又会被推翻，反反复复。也许，未来的生活和阅历能够帮助我获得满意的答案吧。

世界仍在变化，发生的疫情可能是所有变化中最突出的，我可能处在世界重大变革的进程中，正在见证历史。我想疫情的发生可能并不是偶然，但谁的生活不是有偶然和必然构成的呢？就像我的论文一样，偶然的是，它在这样的一个环境中完成；必然的是，许多生活和学习中帮助过我的点滴，最终形成了一个结果。我非常感谢在博士阶段学习期间，我的导师刘金全教授，虽然我们并没有在日常中频繁交流，但他不断的询问和督促协助我完成了博士论文。我要感谢我的父母和家庭，很幸运，我生活在一个完整有爱的家庭，我的性格和做事的态度一直是我的骄傲。我还要感谢我的师兄师姐以及师弟师妹，在这样一个大家庭下，我们不断地学习，产生思想碰撞，逻辑思辨，都是非常有趣的事情。最后，感谢这个社会，它不完美但足够安定。

李博瑞　2020 年 3 月 18 日　于家中

后记（二）

在完成博士阶段学习以后，我的人生进入了新的阶段，工作上正式开启了大学教师的职业生涯，生活上有了理想的伴侣。以上虽时间未久，但均已有一定感悟，在此一并记录。

我所理解的教师，与学生阶段理解的教师有所不同了。在选择职业以前，我告诫自己要保持原则：无论从事什么职业，做事态度优先，做人勤恳优先，时刻自省。在选择优先从事教师岗位以后，我觉得在这个原则中，还需要加入对于利己与利他的思辨。我想自己远没有达到前辈所说的奉献精神，但是出于利己的考量，不断提升自身能力的同时，能给学生带来不错的"溢出效应"也是有益的事情。另外，我还在思考教育的价值，作为一名大学教师，需要不断带给学生新的知识、新的思想，这是教育价值体现的一部分。我想更重要的是能够不断地给学生带来新的启发，在他们的主观能动性中发挥引领作用。

我所理解的感情，在生活中出现另一半后有所不同了。我个人从来不会看低别人，因为每个人都有自己的闪光点。在感情中，我也在不断发掘美娜女士的人格魅力，希望能共同成长。生活中一定有日常琐碎及各类繁杂，唯一能做的是心怀彼此和互道珍惜。

今天，王亚平成为中国首位出舱女航天员，这也是中国女性舱外太空行走第一步，非常值得人敬佩，在此纪念。另，再次感谢我的父母、师长、同门兄弟姐妹及朋友，你们是我人生无价的宝贵财富。

李博瑞　2021 年 11 月 7 日　立冬雪夜　于净月